49

Avaliação e medidas
psicológicas no contexto dos
relacionamentos
amorosos

Roberto Moraes Cruz
João Fernando Rech Wachelke
Alexsandro Luiz de Andrade

Avaliação e medidas
psicológicas no contexto dos
relacionamentos
amorosos

© 2011 Casapsi Livraria e Editora Ltda.
É proibida a reprodução total ou parcial desta publicação, para qualquer finalidade,
sem autorização por escrito dos editores.

1ª Edição	*2012*
Diretor Geral	*Ingo Bernd Güntert*
Publisher	*Marcio Coelho*
Coordenadora Editorial	*Luciana Vaz Cameira*
Diagramação	*Sergio Gzeschenik*
Produção Gráfica	*Fabio Alves Melo*
Capa	*Carla Vogel*
Coordenador de Revisão	*Lucas Torrisi Gomediano*
Revisão Final	*Rhamyra Toledo*

Dados Internacionais de Catalogação na Publicação (CIP)
(Câmara Brasileira do Livro, SP, Brasil)

Avaliação e medidas psicológicas no contexto dos
relacionamentos amorosos / Roberto Moraes Cruz, João Fernando
Rech Wachelke, Alexsandro Luiz de Andrade (orgs.) . -- São Paulo :
Casa do Psicólogo®, 2012. -- (Coleção avaliação psicológica)

Vários autores.
Bibliografia.
ISBN 978-85-8040-110-3

1. Amor - Aspectos psicológicos 2. Felicidade 3. Homens - Psicologia
4. Intimidade (Psicologia) 5. Mulheres - Psicologia 6. Relações
interpessoais 7. Sexo (Psicologia) I. Cruz, Roberto Moraes. II. Wachelke,
João Fernando Rech. III. Andrade, Alexsandro Luiz de. IV. Série.

10-12773 CDD-158.2

Índices para catálogo sistemático:
1. Amor : Relações interpessoais : Psicologia aplicada 158.2
2. Relações interpessoais : Psicologia aplicada 158.2

Impresso no Brasil
Printed in Brazil

*As opiniões expressas neste livro, bem como seu conteúdo, são de responsabilidade de seus
autores, não necessariamente correspondendo ao ponto de vista da editora.*

Reservados todos os direitos de publicação em língua portuguesa à

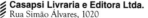

Casapsi Livraria e Editora Ltda.
Rua Simão Álvares, 1020
Pinheiros • CEP 05417-020
São Paulo/SP – Brasil
Tel. Fax: (11) 3034-3600
www.casadopsicologo.com.br

Apresentação

Escrever sobre mensuração e avaliação de fenômenos presentes no contexto dos relacionamentos amorosos, embora seja uma tarefa interessante, para muitos pode parecer um empreendimento de pesquisa em Psicologia inusitado. É um tema relevante do ponto de vista social, dada a importância dos relacionamentos amorosos em nossas vidas, e também do ponto de vista científico, tendo-se em vista a necessidade de rigor metodológico e fundamentação teórica baseada em evidências recentes. Além disso, é escassa, na literatura nacional, a produção de conhecimento científico sobre este tema que seja resultante da construção de medidas psicológicas.

Os textos produzidos para este livro resultam de pesquisas desenvolvidas na disciplina "Psicometria", do curso de Psicologia da Universidade Federal de Santa Catarina, e nos grupos de trabalho que aperfeiçoaram os projetos inicialmente desenvolvidos em tal curso, no período de 2005 a 2007. Este livro pretende introduzir o leitor na compreensão dos processos psicológicos e culturais presentes nos relacionamentos amorosos e nos instrumentos de medida e avaliação neste âmbito.

Nos dois capítulos iniciais, os autores abordam aspectos referentes à contribuição da Psicologia para o estudo dos relacionamentos amorosos, sob a perspectiva da mensuração, apresentando estudos recentes sobre relacionamentos amorosos e uma breve descrição de alguns instrumentos de mensuração relacionados a este tema publicados no Brasil e no mundo. Os capítulos seguintes descrevem a construção e a validação de uma escala de satisfação relativa ao relacionamento de casal. Em seguida, é apresentado um estudo que discute a associação entre satisfação em relacionamentos amorosos e bem-estar psicológico. Os demais capítulos abordam outros fenômenos da esfera das relações afetivas: a construção e a validação de uma medida da ocorrência de comportamentos no relacionamento amoroso, verificando a associação desses comportamentos com o uso do preservativo masculino; a satisfação na relação amorosa, abordada por meio do desenvolvimento de uma escala voltada à sexualidade feminina; e os sentimentos que predominam no término de relacionamentos amorosos.

Desejamos que os leitores apreciem esta obra, e que por este livro se atualizem sobre o tema, e, ao mesmo tempo, tenham uma noção sobre o desenvolvimento de medidas psicológicas nessa área de investigação.

Roberto Moraes Cruz,
João Fernando R. Wachelke,
Alexsandro Luiz de Andrade

Sumário

Apresentação 5
Roberto Moraes Cruz, João Fernando R. Wachelke e
Alexsandro Luiz de Andrade

1. O estudo dos relacionamentos amorosos em
diferentes campos disciplinares 9
Roberto Moraes Cruz e Saidy Karolin Maciel

2. O amor como prática social:
Uma perspectiva teórica 27
Leandro Castro Oltramari e Regina Ingrid Bragagnolo

3. O universo das medidas psicológicas na
avaliação de relacionamentos amorosos 43
João Fernando Rech Wachelke e Alexsandro Luiz de Andrade

4. Satisfação no contexto dos
relacionamentos amorosos 61
João Fernando Rech Wachelke, Alexsandro Luiz de Andrade
Robson Brino Faggiani, Jean Carlos Natividade
e Roberto Moraes Cruz

5. **SATISFAÇÃO NO RELACIONAMENTO AMOROSO E BEM-ESTAR PSICOLÓGICO** 79
João Fernando Rech Wachelke, Alexsandro Luiz de Andrade, André Moraes Souza, Paulo Fabrício Ulguim Rodrigues, Maria Elisa Bissoli Nicolau e Rosimeire Reis Bento

6. **COMPORTAMENTOS ASSOCIADOS À UTILIZAÇÃO DO PRESERVATIVO MASCULINO EM RELACIONAMENTOS AMOROSOS** 99
Samira Mafioletti Macarini e Gabriela Dal Forno Martins

7. **SATISFAÇÃO SEXUAL FEMININA EM RELAÇÕES AMOROSAS** 123
Raquel Bohn Bertoldo, Juliana de Souza e Roberto Moraes Cruz

8. **SENTIMENTOS PREDOMINANTES NO TÉRMINO DE RELACIONAMENTOS AMOROSOS** 141
Andréia Chagas Pereira, Juliana de Souza, Mariana Valença Marcondes, Michele Trierweiler e Roberto Moraes Cruz

1. O ESTUDO DOS RELACIONAMENTOS AMOROSOS EM DIFERENTES CAMPOS DISCIPLINARES

Roberto Moraes Cruz e Saidy Karolin Maciel

O relacionamento amoroso pode ser compreendido como um fenômeno afetivo e social, fenômeno este que as Ciências Humanas e Sociais estudam sob determinados pontos de vista, enfatizando diferentes aspectos. Por exemplo, o cotidiano e os hábitos dos relacionamentos, o processo histórico de constituição dos papéis sociais na conjugalidade e sua dimensão jurídica, a consciência do valor atribuído aos vínculos nas relações afetivas, os sentimentos e os processos de comunicação envolvidos na dinâmica das relações amorosas são alguns dentre os principais.

Embora o estudo dos relacionamentos amorosos agregue conhecimentos de diferentes campos disciplinares, percebe-se a existência de um campo em comum de interesses que constituem objetos de estudos em Psicologia: a natureza dos vínculos, os processos motivacionais e a busca por satisfação, inerentes aos relacionamentos amorosos.

Ao longo dos anos, o reconhecimento da condição social das configurações amorosas adquiriu formas variadas: casal, namorados, companheiros, parceiros, "ficantes", entre outros. Tradicionalmente, o termo "casal" é a expressão mais usual para designar a união civil entre duas pessoas. É utilizado, também, para designar concretamente uma conjugação amorosa ou o reconhecimento social de que essa relação existe, e não apenas como resultado de um casamento. Em bases culturais, as relações amorosas seguem um fluxo hierárquico, no qual as pessoas se conhecem, namoram, noivam, casam, têm filhos e, assim, novos ciclos desenvolvimentais familiares se seguem.

O par amoroso, ou casal, é uma unidade afetiva, emocional e social, definida não apenas pela união entre duas pessoas que se amam, mas também por um conjunto de variáveis que interferem e que delineiam o cotidiano e a história do par amoroso.

O sucesso, a manutenção e o término da relação amorosa são mediados e moderados por aspectos tecnológicos, fatores econômicos, políticos, psicossociais, entre outros. Imber-Black (2002) salienta os reflexos imediatos das transformações culturais na dinâmica familiar e dos casais, antes mesmo que a sociedade e os meios de comunicação em geral identifiquem essas transformações: "os terapeutas de casais e de família têm lugar reservado na primeira fila no palco das transformações sociais" (p. 61).

A influência da *internet* na relação amorosa perpassa a falta de limite entre o que pode ser considerado secreto e privado e como e quanto o outro percebe essa influência em sua vida. Os questionamentos mais comuns acerca disso estão relacionados às conversas privadas e se elas configuram traições. Quanto ao uso do celular, este permite que as pessoas sejam encontradas a qualquer hora e em qualquer lugar, o que interfere tanto na privacidade do casal quanto na manutenção do espaço individual.

Outro grande vilão dos desentendimentos amorosos é o trabalho. As mudanças na relação com o mundo do trabalho, principalmente com a participação mais efetiva das mulheres muitas vezes como responsáveis diretas pelo sustento da família, provocaram dramáticas transformações no conteúdo e na estrutura familiar. Essas transformações implicaram mudanças para além da negociação de tarefas, exigindo diálogos nos quais se confere igual importância ao trabalho e à família, tanto na vida dos homens quanto na das mulheres, o que leva a uma quebra dos valores já estabelecidos culturalmente em relação às questões de gênero, papéis sociais, inclusão social e igualdade de direitos.

É fundamental que os casais construam e preservem "espaços relacionais", isto é, que incluam em sua vida cotidiana dimensões da vida que tenham valor e importância equivalentes para os cônjuges. Levner denomina de tripla jornada a "inclusão de três esferas iguais de atividades, a vida profissional da mulher, a vida profissional do homem e a vida familiar" (2002, p. 41), enfatizando a necessidade de que homens e mulheres desenvolvam habilidades para assumirem compromissos ou se responsabilizem, igualmente, pelos territórios instrumental (profissão) e relacional (família).

A configuração do par amoroso se dá a partir da história familiar de cada um somada à própria história do casal e, principalmente, da maneira como cada um considera o outro. Esse conjunto de relações definirá o jeito como cada relação amorosa se configurará. É a partir da trama e dos mitos familiares, dos pactos de lealdade, dos vínculos relacionais, dos sistemas de crenças e valores e da comunicação que estão alicerçados os modelos de relações nas quais os pares amorosos se formam. Esses laços atam as histórias e delineiam os caminhos da conjugalidade.

A maneira como o vínculo amoroso é percebido pelo casal e como o arranjo é realizado entre o espaço individual e o espaço conjugal delineará a relação conjugal. A organização acerca das dimensões desses espaços individuais e de casal é considerada um dos elementos significativos para o crescimento com qualidade da relação amorosa. Essa organização é mediada por crenças e valores compartilhados no âmbito individual, conjugal e familiar, bem como no cultural. Segundo a teoria comunicacional do casal (Sluzki, 1997; Haley, 1973; Watzlawick, 1981), na relação de casal há aspectos específicos que não podem ser reduzidos à personalidade de cada parceiro, pois há interferência direta dos contatos culturais e da própria dinâmica da relação, que se constrói nas inter-relações vividas por cada um.

À medida que o par amoroso permite o crescimento individual de cada parceiro, permite também que o espaço conjugal seja equilibrado e que ocorram trocas mútuas. Isso equivale a dizer que quando um parceiro atribui qualidades ao outro e permite que cada qual viva seus projetos individuais, esse casal desenvolveu condições simétricas na relação. Sob essa ótica, pode-se dizer que é mais possível que esse par viva uma relação voltada para a potencialização dos parceiros do que para a disputa entre eles.

Geralmente decorre dessas relações em que o poder é dado de forma equilibrada entre os parceiros o desejo de ver o outro em condições de bem-estar e, em consequência disso, desenvolve-se uma relação baseada na busca por manter essas condições. A atitude é de altruísmo para com o outro, porém esse comportamento implica uma referência positiva de si mesmo, o que inclui autoestima e segurança.

Sempre que houver referência à relação, é implícito o ato de pensar em pelo menos duas pessoas que interagem entre si e com o meio no qual estão inseridas. Nesse sentido, há de se pensar na complexidade que envolve a construção, o desenvolvimento e a manutenção da própria relação; portanto, o grau de investimento, de satisfação, de desejo, entre outros, são aspectos que estarão presentes quando se avalia uma relação amorosa. Quando um dos parceiros percebe o outro e abre mão da ocupação total de um determinado espaço em prol da relação, há um indicativo positivo de que existe autoestima e, da mesma forma, referência positiva de si e do outro. A negociação entre o espaço individual e o compartilhado numa relação amorosa é sinal seguro de maturidade emocional e indica o grau de diferenciação entre os parceiros.

O vínculo amoroso, na nossa cultura, está atado à crença no amor romântico, que por sua vez conduz à ideia de fusão entre duas pessoas. É possível perceber essa condição cultural nos ritos de passagens, como o casamento religioso, segundo o qual marido e mulher "se tornarão um só corpo, uma só carne", ou na metáfora da alma gêmea, ou seja, na noção de complementaridade.

A ideia de que é preciso um "outro" para completar um "eu" leva muitos casais ao sofrimento e à desintegração de si mesmos. Se há a crença de que uma pessoa será inteira somente com outra, a identidade individual se perde e se confunde nessa relação. As cobranças, os sentimentos de inadequação e a desqualificação vão tomando proporções maiores e, consequentemente, ocupando o lugar do prazer e do bem-estar. Quanto mais a relação perde espaços de prazer e qualidade, menos se deseja estar nessa relação. Porém, perceber o quanto de si é responsável pela construção do panorama amoroso presente nem sempre é uma tarefa fácil e possível, pelo menos sem algum tipo de ajuda. Por isso a autoestima torna-se fundamental, uma vez que pessoas equilibradas neste aspecto apresentam mais condições de perceber a si e ao outro e de identificar o que cada um atribui e deposita na relação amorosa.

A união, por meio do casamento, é uma aliança entre dois parceiros que partilham o mesmo nível de diferenciação. Quanto mais baixo for esse nível, mais "fusional" será o casal, isto é, prevalecerá a confusão entre o eu e o nós (casal), não distinguindo a diferença entre o que pertence à esfera individual e à conjugal. A dinâmica fusional no casamento, segundo Bowen (1978), pertence à ideia do amor romântico, que elege o sentimento amoroso como o princípio da união, mas que impõe uma baixa autonomia individual, inclusive correndo o risco de incorrer na patologia da relação. Aboim enfatiza que a forte dependência instrumental entre o casal, no sentido fusional, decorre, em última instância, "da existência de um laço amoroso forte que exclui qualquer ideia de autonomia individual" (2006, p. 805).

A formação da relação amorosa perpassa pela escolha do parceiro e segue enquanto essa relação puder sustentar o caráter que a fez surgir, sempre levando em consideração as mudanças em seu percurso e nos ciclos vitais. Para tanto, as condições de adaptação às mudanças é fator significativo para a duração e a manutenção da relação. Cada pessoa funciona em um plano emocional, intelectual e sentimental diferenciado e, em decorrência das individualizações desses funcionamentos, operará também de modo diferente no plano relacional. A diferenciação entre todos esses níveis determinará se há clareza na definição da própria individualidade e da conjugalidade.

O conceito de maturação, segundo Satir, é definido como "o estado no qual o indivíduo é inteiramente responsável por si mesmo", apresentando, assim, "capacidade para fazer escolhas e tomar decisões baseadas na percepção de si mesmo, dos outros e do contexto no qual se encontra" (1993, pp. 145-146). Nesse sentido, indivíduos maduros reconhecem essas escolhas e decisões como sendo suas, e assumem a responsabilidade pelos resultados que delas derivam. Quando é possível para cada um dos indivíduos reconhecer as atitudes, motivações ou desejos nas decisões tomadas, é possível assumir responsabilidades pelo que se constrói na relação. Para Satir, a existência de uma relação amorosa funcional pressupõe uma comunicação adequada, uma vez que a comunicação em si significa interação e deve seguir alguns critérios para que seja estabelecida (1993, pp. 107-120), tais como:

1. Eliminar as generalizações, pois quando há generaliza-ções em excesso corre-se o risco de um dos parceiros supor que uma situação servirá de exemplo para todas as demais, o que contribui para que o processo discrimina-tório fique prejudicado. Ele poderá supor, por exemplo, que o outro partilha dos seus sentimentos e das suas percepções, o que conduz à ideia de que o outro sabe o que se passa em seu íntimo, o que pensa e sente, e que, portanto, não será preciso solicitar nenhum tipo de verifi-cação. Isso contribui para interrupções na comunicação;
2. Manter a clareza na comunicação, pois os significados atribuídos às palavras podem ter diferentes conotações;
3. Qualificar a mensagem, permitindo que cada um saiba a função do que está sendo dito e transmitido (o que auxilia a diferenciar o sujeito do objeto, isto é, a pessoa daquilo que está sendo dito sobre ela), facilitando a receptividade e realimentação da comunicação.

As pessoas que se comunicam de modo disfuncional comportam-se como se não tivessem ciência do fato de que generalizam e operam com base em suposições (crenças) e, assim, as mensagens tendem a ser incompletas. Podem, ainda, emitir mensagens desconexas em diversos pontos da comunicação, deixando em dúvida, aos que se comunicam, sobre o que realmente pensam ou sentem. A comunicação, além de configurar um processo de interação, constitui elemento importante da relação amorosa. A prática clínica mostra que um número expressivo de brigas e desentendimentos amorosos tem início com a dificuldade de se comunicar adequadamente. Com muitos casais que experimentam o processo psicoterapêutico, o foco de trabalho é a comunicação entre os parceiros.

No que se refere à preservação da identidade individual e à construção da identidade do casal, a fusão entre duas pessoas foi sustentada, durante muito tempo, como fundamental para uma relação ter sucesso. Atualmente, o ideal de relação amorosa aponta justamente para o contrário: a valorização dos espaços individuais seria fundamental para a construção de uma relação conjugal saudável e promissora.

Com base nesses pressupostos, é possível perceber que o equilíbrio entre os dois polos (identidade individual e de casal) pode ser considerado o mais adequado para a satisfação dos parceiros na relação amorosa. Porém, esse equilíbrio é um objetivo difícil a ser conquistado e mantido, pois a mudança cultural é parte do desenvolvimento humano. Desta forma, primeiramente se percebem as mudanças no meio social para depois se perceber a mudança pessoal, uma dialética entre percepção, ação e mudança efetiva. Com isso, são necessárias mudanças nos sistemas de crenças e valores sociais, familiares e individuais, algo um tanto complexo.

Se, de um lado, havia o ideal de relações amorosas voltadas à fusão de duas pessoas, por outro lado, há atualmente o vínculo amoroso baseado no ideal do casamento moderno, construído em torno das identidades individuais dos cônjuges, ideal que também apresenta problemas a serem resolvidos. Segundo Féres-Carneiro, o compromisso nessas relações modernas é o de sustentar o desenvolvimento individual, o que faz com que as relações conjugais se mantenham "enquanto elas forem prazerosas e úteis" (2001, p. 69) para cada um dos envolvidos. É uma condição de andar na "corda bamba" e talvez signifique dispensar a dependência entre os parceiros, produzindo uma sensação de esvaziamento nas relações, um aumento nas expectativas em relação ao outro e, ao mesmo tempo, uma superexigência para consigo mesmo, o que contribui para o aumento das tensões e conflitos na relação conjugal.

Pode-se afirmar, com base nas discussões anteriores, que a pluralidade de modelos de conjugalidade pode contribuir para uma compreensão acerca da realidade social na qual estamos inseridos, não representando, definitivamente, regras para as relações, mas servindo apenas como representação das mudanças socioculturais que temos sofrido ao longo dos tempos. Cada casal se identificará com determinados modelos e poderá construir a sua realidade a partir de uma identificação mais próxima da sua condição de vida.

Os modelos familiares influenciam diretamente as condutas dos indivíduos, e constituem um grupo com história, normas e regras, ainda que nem sempre explícitas. De acordo com Minuchin, a

[...] estrutura familiar é o conjunto invisível de exigências funcionais que organiza as maneiras pelas quais os membros da família interagem. Uma família é um sistema que opera através de padrões transacionais. Transações repetidas estabelecem padrões de como, quando, com quem se relacionar e estes padrões reforçam o sistema. (1990, p. 57)

Com base nesse entendimento, o exame do funcionamento familiar ou do par amoroso requer uma técnica apropriada para a avaliação da funcionalidade e da disfuncionalidade nas relações amorosas, pois é a partir das trocas que são estabelecidas continuamente entre os membros de determinados sistemas que se desenvolvem os relacionamentos interpessoais.

O exame sobre a saúde ou doença emocional num sistema familiar pode ser entendido a partir de alguns indicadores importantes. Anton (2000, pp. 94-97) descreve oito categorias de funcionalidade familiar, que servem tanto para examinar a saúde ou doença emocional do sistema familiar quanto para analisar a funcionalidade do par amoroso.

O primeiro desses indicadores está relacionado ao estado de *continência* e de *pertencimento*. Famílias funcionais são capazes de abrigar, proteger e cuidar de seus membros, ou seja, dar continência e ao mesmo tempo permitir que esses membros experimentem sua própria individualidade. Numa relação amorosa, essa troca entre continência e pertencimento também assume o mesmo valor, pois permite que os parceiros não se sintam prisioneiros nessa relação, mas que possibilitem o desenvolvimento da intimidade e sexualidade, o que favorece a aprendizagem para relacionar-se e crescer num espaço de troca e cuidados em comum.

O segundo indicador são as condições de *crescimento* e *libertação* dos membros familiares em relação ao próprio sistema familiar. As famílias que colocam essas condições nos seus extremos transformam seus membros em prisioneiros ou dependentes. Assim como no sistema familiar, o par amoroso também se movimenta nessas direções e o ideal é que haja uma conciliação entre essas unidades, para que os parceiros possam manter-se na relação com graus funcionais de autonomia e desenvolvimento.

O terceiro indicador refere-se às *tarefas do ciclo vital*, em que são realizadas tarefas de crescimento individual e familiar, que implicam aprendizagens sobre perdas e ganhos e que representam contínuos desafios. Quanto mais funcional for esse sistema familiar, mais essas tarefas serão cumpridas com êxito. A dificuldade em transpor uma das etapas desse ciclo vital pode resultar na cristalização em um determinado estágio de desenvolvimento e acarretar prejuízos para o indivíduo ou para todo o sistema. Numa relação amorosa existem também etapas que devem ser seguidas e superadas. Por exemplo, num primeiro momento, espera-se que os parceiros se adaptem um ao outro, numa dinâmica diferente do que realizavam nas suas famílias de origem; em um segundo momento, é possível que venham os filhos e, consequentemente, uma nova adaptação será necessária. Anos mais tarde, chega o momento em que os filhos saem de casa e os parceiros voltam-se novamente um para o outro, com necessidades de novas adaptações, e assim por diante. Parte-se do entendimento de que a vida, tanto individual quanto familiar e de casal, organiza-se em ciclos e de que cada etapa, se vivida por completo e com qualidade, representa indícios de funcionalidade, sendo reconhecidos por meio da capacidade para adaptações e superações das dificuldades após o rompimento da homeostase do sistema. Essas adaptações são essenciais para que ocorram as transações vitais, os movimentos individuais e familiares, a evolução e o crescimento dos sistemas e subsistemas.

O quarto indicador refere-se à *circularidade* e à *comunicação*, e diz respeito às pressões que as pessoas exercem umas sobre as outras, de forma circular, ou seja, numa troca mútua e constante. A circularidade e a comunicação têm relação direta, mesmo que ocorram de forma não verbal e mesmo que o outro não as sinta imediatamente. Essas trocas constantes e recíprocas reforçam a atuação entre os membros dos sistemas em interações, sejam eles entre sistemas e indivíduo, sistema e subsistemas, macro e microssistemas etc. Numa relação amorosa, as trocas entre os parceiros também se dão dessa forma, e a atitude de um reforça de forma funcional ou disfuncional a atitude do outro, num elo recursivo de atividades.

A comunicação é considerada o principal meio de trocas entre pessoas e pode ser manifestada de forma verbal e não verbal, inclusive ao mesmo tempo, ou seja, por meio da metacomunicação. Quando as mensagens são incongruentes entre si, percebe-se que a mensagem verbal apresenta um significado e a mensagem não verbal representa outro, o que deixa o receptor confuso.

Nas relações amorosas, se há predominância de mensagens incongruentes, com base no princípio da circularidade, um indivíduo afetará o outro de forma disfuncional, e a relação entre eles será disfuncional, com tendência ao adoecimento de seus membros.

O quinto indicador concerne às *regras* e *normas* familiares, considerando que a participação das pessoas em qualquer sistema pressupõe a adesão a um conjunto de regras e tem por normas ajustes entre indivíduos e os sistemas envolvidos. Dessas regras, fazem parte os diversos papéis e funções exercidas. Nas relações amorosas, essas regras também devem ser claras e explícitas, e inclusive se configuram como requisitos para o adequado desenvolvimento do ciclo vital. Em relações funcionais, tais regras se apresentam de forma mais flexível, podendo ser discutidas e redefinidas de acordo com as necessidades. Em relações menos funcionais, a dinâmica relacional se dá de forma mais rígida, dificultando as trocas de informações e as negociações entre os pares. Um par amoroso em que cada um dos seus membros não abre mão de sua condição anterior, ou não se consegue adaptar às novas regras e transformações ocorridas ao longo do tempo, dificilmente produzirá a regra própria para a relação amorosa e tenderá a repetir os padrões de sua família de origem.

O sexto indicador trata dos *subsistemas claramente definidos*: a ação voltada para o cumprimento dos papéis e das funções deve ser adequada às fronteiras e regras definidas, ou seja, se numa relação amorosa a mulher continuar a agir de acordo com os padrões de filha, e não como par amoroso, a transição do ciclo vital sofrerá interferência. A formação do par amoroso virá com papéis e funções pouco delimitadas e, consequentemente, a identidade desse subsistema ficará comprometida.

O sétimo indicador diz respeito às *fronteiras claras* e *permeáveis*, o que significa dizer que uma relação amorosa na qual há a possibilidade de abertura, flexibilização e troca de influências mútuas sem que haja cristalização e hierarquização rígida entre o par amoroso é uma relação que favorece o desenvolvimento saudável do vínculo amoroso.

O oitavo indicador relaciona-se à *hierarquia*, e não deve ser confundido com autoridade ou poder. Pode haver liderança na organização do par amoroso, desde que haja simetria e circularidade, ou seja, que ambos possam transitar neste lugar sem que um ou outro se sinta diminuído ou desqualificado. Trata-se de organização, de movimento na relação, de fluxo de funcionalidade, e não de linearidade e poder.

Os pressupostos teóricos, as evidências e a prática clínica com casais e nos processos periciais em situações de litígio conjugal permitem identificar que um dos principais problemas que ocorrem entre os casais são as dificuldades de comunicação. Nos casos em que predomina a comunicação disfuncional há um acúmulo de situações mal resolvidas ou não resolvidas, preocupações constantes e estresse que produzem outros comportamentos disfuncionais, inclusive em suas formas mais extremas: a violência física e a psicológica. Pessoas com baixa autoestima e dificuldades no manejo dos seus próprios sentimentos tendem a não diferenciar o que é produzido por si mesmo daquilo que é produzido pelo outro e, muitas vezes, culpabilizam o outro pelo que sentem e pelas decisões que tomam ou deixam de tomar na vida. Nesse caso, quando os recursos da comunicação entre as pessoas se encontram escassos, outras formas de comunicação, inclusive a comunicação não verbal, assumem a direção do comportamento. Quanto mais limitados forem os recursos de comunicação, maior a comunicação disfuncional.

A dificuldade em reconhecer o grau de autonomia de cada um quanto às escolhas e decisões em relação ao outro também é uma variável constante nos casos de litígio conjugal. Percebe-se uma escalada assimétrica na luta pelo poder com o ex-cônjuge, e os ex-parceiros chegam a travar lutas ferrenhas e intermináveis, com acusações que tendem a desqualificar o outro indiscriminadamente, ou seja, não há contexto que escape às acusações, e praticamente nenhuma esfera da vida individual do outro fica isenta.

Com base nesses entendimentos, é possível afirmar que o estudo dos relacionamentos amorosos é um empreendimento científico que exige uma compreensão multidimensional acerca da natureza dos vínculos que unem um par conjugal e das redes de relações sociais que deles derivam e repercutem. Esses vínculos são complexos, pois cada relacionamento se configura de acordo com as necessidades e expectativas únicas de cada um dos indivíduos que compõem essa unidade afetiva, bem como da dinâmica do casal e do contexto cultural no qual estão inseridos.

Referências

Aboim, S. (2006). Conjugalidade, afectos e formas de autonomia individual. *Análise Social, XLI*(180), 801-825.

Anton, I. C. (2000). *A escolha do cônjuge: um entendimento sistêmico e psicodinâmico*. Porto Alegre: Artmed.

Bowen, M. (1978). *Family therapy in clinical practice*. Nova York: Jason Aronson.

Féres-Carneiro, T. (2001). Casamento contemporâneo: construção da identidade conjugal. In T. Féres-Carneiro, *Casamento e família: do social à clínica* (pp. 67-80). Rio de Janeiro: Nau.

Haley, J. (1973). *Terapia não convencional*. São Paulo: Summus.

Imber-Black, E. (2002). O novo triângulo – os casais e a tecnologia. In P. Papp (Org.), *Casais em perigo: novas diretrizes para terapeutas* (pp. 61-75). Porto Alegre: Artmed.

Lederer, W. J., & Jackson, D. (1968). *The mirages of marriage*. New York: Norton.

Levner, L. (2002). A família de tripla jornada. In P. Papp (Org.), *Casais em perigo: novas diretrizes para terapeutas* (pp. 41-60). Porto Alegre: Artmed.

Minuchin, S. (1990). *Famílias: Funcionamento e tratamento*. Porto Alegre: Artes Médicas.

Popper, K. (1976). *Unended quest*. La Salle: Open Court Publishing Company.

Prigogine, I. (1996). Do relógio às nuvens. In D. F. Schinitmam (Org.), *Novos paradigmas, cultura e subjetividade* (pp. 257-269). Porto Alegre: Artmed.

Satir, V. (1993). *Terapia do grupo familiar*. Rio de Janeiro: Francisco Alves.

Sluzki, A. C. (1997). *A rede social na prática: Alternativas terapêuticas*. São Paulo: Casa do Psicólogo.

Watzlawick, P. (1981). *Pragmática da comunicação humana – um estudo dos padrões, patologias e paradoxos da interação.* São Paulo: Cultrix.

2. O AMOR COMO PRÁTICA SOCIAL: UMA PERSPECTIVA TEÓRICA

Leandro Castro Oltramari e Regina Ingrid Bragagnolo

INTRODUÇÃO

O amor continua sendo um assunto muito explorado nas artes e na mídia, mas a ciência também tem-se interessado pela temática. Autores como Rougement, que, em 1939, publicou a obra *A origem do amor no Ocidente* (2003), e autores contemporâneos, como Giddens (1993) e Bozon (2005), já se debruçaram sobre o modo como acontece esta prática social. Esses autores inauguraram uma outra forma de compreender a constituição do amor, frequentemente compreendido como sentimento imanente ou mesmo incontrolável.

Até mesmo Freud baseou-se nesta premissa, ao construir toda a sua teoria a partir da ideia de um amor "imanente" ao sujeito, constituído antes de sua própria existência (Francisco, 2008). Isto acontece na obra freudiana devido à influência daquilo que Francisco (2008) denominou de *domideologia* – uma ideologia capaz de dominar pensamentos e ações, como aconteceu com Freud em relação ao amor. Esta foi tão expressiva em seu pensamento, que fez com que ele produzisse suas teorias sob a luz do amor. Um amor imanente e transcendente. Francisco (2008) revela em sua obra que o sentimento amoroso não é uma pulsão, mas sim um constructo cultural do qual nós todos fazemos parte.

O amor na literatura, assim como na ciência, foi constituído como sentimento quase metafísico, mas foi esquecido como uma prática social dependente diretamente das relações interpessoais. Esta crítica tem sido estruturada principalmente a partir do trabalho de Bozon (2005).

Este texto pretende retomar uma abordagem que relaciona o amor a um jogo social entre os seres humanos, pensado mais precisamente como um roteiro de interações sociais. Nessa perspectiva, adotaremos a discussão realizada principalmente pelos sociólogos Bozon (2005, 2008) e Gagnon (2006) e pela psicóloga social Levinson (2001).

AS PRÁTICAS SOCIAIS AMOROSAS: PERSPECTIVAS

Esta discussão não deve ser vista necessariamente como novidade no mundo científico. Cabe ressaltar o trabalho de Silva (2008) ao analisar a obra de Jacques Ferrand, médico francês que viveu entre 1575 e 1623 e escreveu um tratado sobre a dor de amor, publicado em Paris, em 1623, e intitulado *De la maladie d'amour ou mélancholie érotique. Discours curieux qui enseigne à cognoitre l'essence, les causes, les signes et les remèdes de ce mal fantastique*. Esse texto explora as estratégias para escapar das "dores de amor", evitando contatos como amizade ou outras formas de interação social, pois estas, depois de um tempo, e passando por fases como *apaixonamento*, levariam ao amor. Ou seja, já existia no pensamento deste médico a noção de que o sentimento amoroso é oriundo do contato social, pressupondo a existência de algo como uma roteirização do sentimento amoroso.

Atualmente, o debate tem tomado dimensões mais visíveis no meio acadêmico. Ortiz-Millan (2007), por exemplo, aborda de forma filosófica o quanto o amor pode ser considerado uma das racionalidades que contribui com a forma de as pessoas interagirem umas com as outras, ou mesmo de instrumentalizarem suas ações. O autor se contrapõe à perspectiva clássica que diz que o amor é irracional no relacionamento do amante com o objeto amado. Almeida, Rodrigues e Silva (2008), por outro lado, apontam para a construção social do ciúme romântico e como ele se processa no interior do cotidiano do casal. Neves (2007) problematiza a ideia de uma essencialização do amor no interior das relações de gênero. Para esta autora, é necessário tornar político o espaço de discussão sobre a relação amorosa, para evitar os essencialismos frequentemente atrelados a ela. Ela ressalta que o "amor romântico" faz parte de uma forma política de ideologia que mantém as hierarquias de poder entre homens e mulheres. Já "o amor confluente" faz parte de uma nova conjuntura de relações sociais e de intimidade que torna as relações amorosas mais democráticas, igualitárias e cidadãs. Para a autora:

> A passagem definitiva do mito do "amor romântico" para a realidade do "amor confluente" implica assumir que é necessária a reestruturação dos discursos sociais em matéria de igualdade de géneros no que toca, *também*, ao espaço da intimidade. (Neves, 2007, p. 623)

Para analisar o amor como uma prática social, utilizaremos a abordagem desenvolvida por Bozon (2005), que sugere que existem várias visões sobre o amor, que podem ser encontradas principalmente na literatura. Para o autor, o importante é compreender que o amor se constitui em uma prática, e que seu sentido encontra-se em um jogo. O amor é um ato compartilhado em que cada um dos envolvidos cede parte de si mesmo ao outro. Para Luhmann, o amor age como "um código geral de comunicação, que cria os fundamentos da intimidade contemporânea, relações intersubjetivas e de um domínio da intimidade" (1990, apud Bozon, 2005, p. 2).

É possível identificar que, apesar de ser vivido como algo que está relacionado à intimidade, existe uma característica de inter-relação social entre as pessoas que amam. Para Bozon (2005), é muito comum a ideia de amor puro, construída pela literatura. Isso faz com que as pessoas não consigam compreendê-lo a partir da noção de reciprocidade entre duas pessoas que interagem socialmente. A ideia da interação é recente, e sofre ainda diversas críticas no campo teórico-prático. Assim, compreendemos que o sujeito que ama constrói a pessoa amada por meio de um poder que dá a ela, ou seja, o amado apenas é amado porque alguém concede este "poder" a ele.

Bozon (2005) afirma que, para compreender o amor, deve-se entendê-lo como uma prática social cotidiana, ou seja, o amor é algo que se estrutura por concessões ou trocas que os sujeitos envolvidos fazem entre si. Entre as primeiras práticas que o autor define como importantes, neste contexto, encontram-se as informações ou trocas de confidências entre as pessoas que se estão conhecendo. Os amantes vão concedendo pequenos gestos, como envio de fotos, cartas e *e-mails*, entre outros, que, de uma forma mais consistente, constituirão a relação amorosa não como algo místico, mas como uma construção passo a passo, dentro da interação entre pessoas.

O conjunto de trocas feitas entre os dois parceiros cria um círculo, um espaço de intimidade, uma associação, uma unidade de lugar e tempo. Tal espaço se organiza, geralmente, segundo uma divisão relativamente estável do trabalho afetivo, de acordo com Bozon (2005). A interação faz com que os sujeitos envolvidos percebam o amor como algo intrínseco à relação que se estabelece. Assim, pode-se compreender que a estratégia do enlace amoroso consiste na forma como se dá a relação entre os parceiros. O amor tem uma relação direta com as práticas cotidianas constituídas pelos sujeitos.

Schurmans e Dominicie (1997) identificaram que as estratégias amorosas são coletivas e não reflexivas. As dinâmicas coletivas forjam os *habitus*, que fazem com que os sujeitos tenham interesse uns pelos outros. As autoras afirmam que Alberoni (1994) trata a paixão como uma constituição do "nós", ou seja, uma dimensão interpessoal por excelência. Para as autoras, o amor também deve ser visto como um objeto social. As histórias amorosas, vividas como singulares, têm uma ligação que é social e mais coletiva do que se imagina. Isso porque as pessoas vivem o amor como algo pessoal e de forma afetiva, mas esquecem que esta constituição é feita no cotidiano.

O alcance dessa discussão revela a necessidade de compreender o comportamento individual e a história do indivíduo entrelaçados aos de seu grupo social, por meio de um tecido de experiências e conhecimentos compartilhados sobre concepções de amor. Em virtude disso, analisaremos a compreensão do amor a partir da elaboração dos "roteiros sexuais".

Simon e Gagnon (1984, 1986) abordam a construção da sexualidade, do desejo e do amor, partindo de uma relação de roteirização desses fenômenos. Gagnon (2006) defende que há uma tendência em se amar pessoas específicas porque existe uma condição social e cotidiana que confere possibilidades para que isso ocorra. Para este autor, as relações entre sexualidade e desejo configuram-se mais como construções de um espaço socialmente partilhado do que como um desejo inconsciente e individual, ou seja, o amor se constituiria em espaços exclusivos de processos de sociabilidades. Portanto, os elementos simbólicos no universo social das pessoas envolvidas em relações afetivas tornam-se fundamentais para a construção do que é esperado individualmente.

A teoria dos *roteiros sexuais*, segundo Simon e Gagnon (1986), serve como metáfora para explicar a produção de um comportamento dentro da vida social. Os autores lançam essa proposta, criticando a visão de inconsciente de Freud, que contempla a ideia de um desejo individual, independente da realidade social e histórica, crítica também formulada por Francisco (2008). O fundamento crítico dos argumentos formulados por esses autores é de que o desejo não se constitui apenas como uma característica de personalidade, mas está relacionado a aspectos psicossociológicos instituídos na vida social das pessoas. Portanto, o que seria o desejo? Segundo essa teoria, seria uma propensão a direcionar uma intencionalidade para um objeto que foi elaborado a partir das relações interpessoais e cotidianas. O desejo é elaborado por meio das cenas do cotidiano, que se transformam em comportamento afetivo-sexual, dependendo das condições sociais que o favoreçam.

O roteiro sexual pode ser definido como

> [...] um papel dentro da aprendizagem da significação dos estados mentais internos, dentro da organização em sequências de práticas sexuais, da decodificação de situações inéditas; eles fixam os limites de respostas sexuais e atribuem significados aos aspectos não sexuais [...] (Gagnon, 1999, p. 73, tradução nossa)

Assim, os *roteiros* fazem com que as pessoas, em um determinado contexto, escolham seus parceiros e se relacionem de uma forma específica, devido às convenções sociais e sexuais partilhadas, criando laços de dependência mútua entre sujeitos. Eles formam capacidades de discernimento de ação na relação interpessoal que possibilitam que as pessoas se relacionem por meio das interações e aprendizagens cotidianas. Como o cotidiano encontra-se repleto de representações sociais de fenômenos que influenciam esses roteiros, podemos compreender que estes serão repletos de significado social (Levinson, 2001). Apesar disso, esse conceito não limita os comportamentos sexuais à mera redução sociológica. Aspectos singulares possibilitam a utilização da teoria pela psicologia, principalmente aquela que se preocupa com fenômenos psicossociais.

Para Gagnon, os roteiros sexuais são produzidos a partir de:

> a) uma conduta sexual [que] pressupõe um esquema cognitivo estruturado (que se chama de *script* [roteiro]) sem o qual os atores não poderiam reconhecer o caráter potencialmente sexual da situação; b) que tal reconhecimento exige uma interação complexa entre um ator e um contexto, mais que uma resposta simples a sinais sexuais universais, e c) que a conduta sexual acha fontes mais no contexto, que ela não resulta de uma pulsão interna. É um arranjo, e não o efeito de um automatismo de um instinto. (1999, p. 73, tradução nossa)

Para compreender como ocorre a passagem desses elementos sociais e simbólicos para a ação singular dos sujeitos, deve-se conhecer os níveis da teoria. Segundo Simon e Gagnon (1986), os roteiros são formados por três níveis diferentes.

O primeiro está relacionado aos *cenários culturais*, com os significados coletivos da sexualidade ou das interações sociais amorosas. Para Levinson (2001), eles estão atrelados a um nível mais contextual e cultural, ou seja, a uma expressão sociológica dos comportamentos.

O segundo, os *roteiros interpessoais,* apresentam-se como uma interface entre os cenários culturais e a vida psíquica, possibilitando que os sujeitos respondam a um comportamento do outro e a regras de condutas determinadas. Esses roteiros ligariam aspectos culturais mais amplos àqueles que são atribuídos aos grupos sociais dos quais as pessoas fazem parte, dando sentido concreto às ações que eles desenvolvem.

Por último, os *roteiros intrapsíquicos* relacionam a constituição das características individuais do desejo do sujeito à sua experiência de vida. Poderíamos pensar que esses roteiros representam o que os psicólogos denominam como subjetividade. No entanto, segundo a teoria, ela consiste de elementos que, passados por esses filtros anteriores, estabelecem o que as pessoas individualmente fazem na vida social. Assim, sabendo das características anteriores, as pessoas encontrariam regras identificadas para suas ações no meio social.

As discussões mais recentes sobre sexualidade nas relações afetivo-amorosas têm sido referenciadas no campo da sociologia e da psicossociologia da sexualidade (Gagnon, 2006; Bozon, 2005), na perspectiva já apontada por Laumann e Gagnon (1994) e Oltramari (2009), que consideram a sexualidade e os relacionamentos afetivo-amorosos como um campo de estudo da ação social de sujeitos em rede que impõem influências recíprocas nos desempenhos dos sujeitos no espaço social. Portanto, é possível pensar que as pessoas agem de determinada forma em virtude da existência de roteiros, condutas sociais que as orientam dentro de um cenário de significações culturais.

Diante disso, é imprescindível compreender que o contexto cultural influencia sobremaneira as formas de relacionamento amoroso e sexual, por questões identitárias ou mesmo de ordem intrapsíquica, pelo conhecimento e aprendizagem produzidos socialmente, mas internalizados de modo singular. Dentro de um cenário cultural, existem formas para identificar como se comportar em um momento específico, como manter um relacionamento social, amoroso e mesmo sexual. Isso acontece porque, segundo os autores, os sujeitos fazem adaptações individuais da cultura para elaborar seus padrões de sexualidade e para poder comportar-se nessas situações. Os roteiros dão noções práticas a respeito de como se comportar em uma situação.

Pode-se compreender o funcionamento desses roteiros com base em uma pesquisa recente sobre comportamento afetivo--sexual e de saúde na França (Bozon, 2008), que identificou que 99% das mulheres e 97% dos homens entre dezoito e dezenove anos iniciaram sua vida sexual no período de escolarização. Nos anos escolares, o contato entre os jovens se torna mais próximo e mais autônomo em relação ao controle da família sobre sua sexualidade. Atualmente, a escolarização é mais amplamente generalizada e se estende por mais tempo, para homens e mulheres. Com isso, surge um espaço para a criação de roteiros propícios para o relacionamento afetivo-sexual. Além disso, essas práticas são diferentes das de gerações anteriores, pois os relacionamentos propiciados por um contato mais próximo entre homens e mulheres, com maior liberdade sexual – promovida pelos métodos contraceptivos e derivada dos movimentos sociais feministas da década de 1960 –, possibilitaram a antecipação de relacionamento afetivo-sexual nas décadas mais recentes.

O amor nada tem de mágico, para Freire Costa (1998), ou é seletivo, segundo Bozon (2001), referindo-se à homogamia, definida por ele como uma prática amorosa exercida entre pessoas de identidades semelhantes. Ou seja, ao escolherem amar iguais, pessoas que compartilhem as mesmas identidades, em um determinado contexto histórico, que tendem a apresentar os mesmos gostos e interesses, reconhecendo-se em características similares às de quem se ama.

DESDOBRAMENTOS DOS ROTEIROS PARA OS RELACIONAMENTOS AMOROSOS

Para Barthes (2003), toda relação amorosa é um drama, pois o encontro é sempre o primeiro momento de um amor que nem sempre vai tão longe quanto se espera. Desta forma, o encontro, que é a primeira fase do amor, parece mágico, pois acontece antes de se sucederem os conflitos e os confrontos, que também fazem parte de um roteiro. O amor pode ser percebido como algo mágico, mas também contém elementos nítidos de interação social. Compreende-se o amor como prática social exatamente porque ele se institui a partir da interação social entre as pessoas, principalmente quando se observa que a comunicação interpessoal é fundamental para que isto ocorra. O autor revela a importância do papel da comunicação no laço amoroso exemplificando: uma carta de amor é uma forma esvaziada, mas ao mesmo tempo cheia de sentido para a expressão do amor (Barthes, 2003, p. 54). A carta de amor faz com que o sujeito ao qual ela é endereçada sinta-se amado e, em seguida, cobrado a enviar uma resposta. Assim, a comunicação é uma dimensão interpessoal, a qual auxilia na elaboração de um roteiro que desencadeia o que denominamos de sentimento amoroso. Com isso, entendemos que esses pequenos gestos configuram a constituição da prática amorosa.

Luhmann (1990) afirma que o amor é uma relação de comunicação interpessoal e social entre as pessoas e, portanto, não deve ser compreendido ou mesmo tratado como um sentimento, mas como um código simbólico que informa em que condições as pessoas amam umas às outras. O autor revela que o amor passa a ser percebido como uma fonte de informações e deixa de ser visto como uma invenção mental. Bozon (2004) contribui com a discussão sobre a prática social amorosa e a ideia de roteiros sexuais.

Levinson (2001), tornando mais complexa a teoria dos roteiros sexuais pelo estudo das representações sociais, criou uma teoria denominada de histórias de referência. Para a autora, tais histórias, que circulam nas relações entre pessoas que iniciam sua vida sexual e amorosa, são produtos sócio-históricos, além de guias para a interpretação das relações entre as pessoas. Ela demonstra, ainda, que as decisões de se relacionar ou não com alguém são tomadas de acordo com o posicionamento dos envolvidos nos eventos, sua organização temporal e o sentido que a ação tem para o observador. Dessa forma, as condutas das pessoas se materializam pelos conhecimentos partilhados sobre diferentes tipos de histórias de amor e sexualidade, bem como sobre a ação em uma determinada situação.

Identifica-se isso na pesquisa da autora, realizada com adolescentes, que revelou como estes diferenciavam sexo e amor, sendo que este foi visto como uma forma de relacionamento com durabilidade. Para Levinson (2001), existe para os entrevistados uma importância da esfera da amizade, e as histórias sexuais são tanto objetos privilegiados de trocas entre as pessoas quanto de reconstruções de experiências próprias. A autora identificou três elementos importantes para a composição destas histórias de referência afetivo-sexuais:

1. As significações afetivas do espaço-tempo. Os períodos e lugares, a duração da relação e os intervalos de tempo entre esses encontros e o tempo em que saíram e se relacionaram antes do relacionamento sexual.
2. As razões que explicam os acontecimentos em relação ao encontro. A primeira vez em que os parceiros saíram juntos e se beijaram, a primeira relação sexual e a ruptura da relação.
3. A característica, exigida ou não, da confiança, e a correspondência ou não das afinidades entre parceiros. Assim, as histórias de referência se tornam boas indicações para analisar a vida afetivo-sexual das pessoas.

Por meio da teoria dos roteiros sexuais e das representações sociais, Levinson (2001) apresenta as ações amorosas não como elementos meramente afetivos, mas como um jogo social no qual, de maneira geral, quem se envolve espera ações do outro, e também aprende, com essas relações, a forma de se comportar em uma situação social específica.

Considerações finais

No mundo contemporâneo, existe uma relação prática constituidora do amor, vivenciado como um sentimento, a partir das mais variadas interações sociais (Oltramari, 2009). O sentimento da atividade amorosa é vivido a partir de uma naturalização do fenômeno amoroso. Isso porque não se considera que o cotidiano amoroso é constituído em uma sequência de eventos e circunstâncias que fazem com que o sujeito se encontre dentro de uma relação que se compreenda como amorosa.

Essa perspectiva torna possível compreender as práticas amorosas como um conjunto de ações no âmbito psicossocial visando a possibilitar futuras intervenções no campo da psicoterapia, ou mesmo programas de políticas públicas nas mais variadas áreas que tenham como preocupação o comportamento humano. Os laços de intimidade estão cada vez mais atrelados ao que chamamos hoje de relacionamentos amorosos, expressão esta que tem mais sentido na contemporaneidade do que a ideia de casamento. Assim, o amor tende a ser um dos princípios fundamentais das relações de intimidade ou conjugalidade dos nossos tempos.

Referências

Alberoni, F. (1994). *Le vol nuptial: l'imaginaire amoureux des femmes.* Paris: Plon.

Almeida, T., Rodrigues, K. R. B., & Silva, A. A. (2008). O ciúme romântico e os relacionamentos amorosos heterossexuais contemporâneos. *Estudos de Psicologia, 13*(1), 83-90.

Barthes, R. (2003). *Fragmentos de um discurso amoroso.* São Paulo: Martins Fontes.

Bozon, M. (2001). Les cadres sociaux de la sexualité. *Sociétés contemporaines.* 41-42, 5-9.

Bozon, M. (2004). *Sociologia da sexualidade.* Rio de Janeiro: FGV.

Bozon, M. (2005). *Supplément à un post-scriptum de Pierre Bourdieu sur l'amour ou peut-on une théorie d'amour comme pratique.* Manuscrito não publicado.

Bozon, M. (2008). Premier rapport sexuel, première relation: des passages attendus. In N. Bajos & M. Bozon (Orgs.), *Enquête sur la sexualité en France: pratiques, genre et santé* (pp. 117-148). Paris: La Découverte.

Francisco, A. C. (2008). *O amor em mal-estar: a insustentável leveza da domideologia.* Rio de Janeiro: Booklink.

Freire Costa, J. (1998). *Sem fraude nem favor: estudos sobre o amor romântico.* Rio de Janeiro: Rocco.

Gagnon, J. (1999). Les uses explicites et implicites de la perspective des scripts dans les recherches sur la sexualité. *Actes de la recherche en sciences sociales, 128,* 73-79.

Gagnon, J. (2006). *Uma interpretação do desejo: ensaios sobre o estudo da sexualidade.* Rio de Janeiro: Garamond.

Giddens, A. (1993). *A transformação da intimidade: sexualidade, amor e erotismo nas sociedades.* São Paulo: Editora Unesp.

Laumann, E., & Gagnon, J. (1994). A sociological perspective on sexual action. In J. Gagnon & R. Parker (Orgs.), *Conceiving sexuality:*

approaches to sex research in a postmodern world (pp. 183-213). New York and London: Routledge.

Levinson, S. (2001). *Les "histoires de reference": cadres socio-temporels et representations des premières relations sexuelles*. Tese de doutorado, École des Hautes Études en Sciences Sociales, Paris.

Luhmann, N. (1990). *Amour comme passion: de la codification de l'intimité*. Paris: Aubier.

Neves, A. S. A. (2007). As mulheres e os discursos *genderizados* sobre o amor: a caminho do "amor confluente" ou o retorno ao mito do "amor romântico"? *Estudos Feministas, 15*(3), 609-627.

Oltramari, L. C. (2009). Amor e conjugalidade na contemporaneidade: uma revisão de literatura. *Psicologia em Estudo, 14* (4), 669-677.

Ortiz-Millán, G. (2007, junho). Love and rationality. On some possible rational effects of love. *Kriterion, 115*, 127-144.

Rougement, D. (2003). *História do amor no ocidente*. São Paulo: Ediouro.

Schurmans, M. N., & Dominicie, L. (1997). *Le coup de foudre amoureux: essais de sociologie compréhensive*. Paris: Presses Universitaires de France.

Silva, P. J. C. (2008). A dor de amor na medicina da alma da primeira modernidade. *Revista Latinoamericana de Psicopatologia Fundamental, 11*(3), 475-487.

Simon, W., & Gagnon, J. H. (1984). Sexual scripts. *Society*, 53-60.

Simon, W., & Gagnon, J. H. (1986). Sexual scripts: permanence and change. *Archives of sexual behavior, 15*(2), 97-120.

3. O UNIVERSO DAS MEDIDAS PSICOLÓGICAS NA AVALIAÇÃO DE RELACIONAMENTOS AMOROSOS

João Fernando Rech Wachelke e Alexsandro Luiz de Andrade

O processo de aferição de fenômenos psicológicos pode ser compreendido como um processo de atribuição de magnitudes ou estabelecimento de parâmetros de mensuração a processos cognitivos e comportamentais. Segundo Alchieri e Cruz (2003), a medida visa a descrever e representar quaisquer aspectos relacionados ao nosso psiquismo, caracterizando e comparando a expressão desses fenômenos.

O emprego metodológico de recursos de medida como meio de construção do saber psicológico encontra respaldo nos alicerces da ciência psicológica. Desde o início do século XX, foram desenvolvidos diversos trabalhos, como os estudos de Binet sobre a criação e o uso dos testes de inteligência e as pesquisas de Spearman com a utilização de procedimentos estatísticos, na busca pela quantificação dos fenômenos psicológicos, que abriram caminho para a mensuração dos fenômenos psicológicos como os conhecemos hoje (Pasquali, 1999). A evolução da medida de fenômenos psicológicos e a amplitude de fenômenos abarcados por esta área de conhecimento nos permite hoje englobar um grande espectro de temas, dentre os quais se incluem os relacionamentos amorosos.

Dada a multidimensionalidade desse fenômeno, a ciência psicológica contribuiu para o entendimento dos fenômenos relacionados a essa temática por meio de diversos olhares teórico-metodológicos oriundos de diferentes campos disciplinares da Psicologia, especialmente da Psicologia Clínica, Psicologia Social e Avaliação Psicológica.

Os relacionamentos amorosos despertam interesse na população em geral devido à importância que geralmente têm na vida das pessoas. O estudo de aspectos psicológicos desses relacionamentos, no contexto da Psicologia, é amplo e variado. Entre os temas de pesquisa privilegiados na literatura internacional no início deste século, podemos mencionar os seguintes:

1. Aspectos referentes ao fim do relacionamento (Busboom, Collins, Givertz, & Levin, 2002; Hendy, Eggen, Gustitus, McLeod, & Ng, 2003; Tashiro & Frazier, 2003);
2. Avaliação e satisfação com o relacionamento de casal (Cramer, 2004);
3. Brincadeiras e humor em relacionamentos (Aune & Wong, 2002);
4. Ciúmes em relacionamentos (Rydell, Connell, & Bringle, 2004; Sagarin & Guadagno, 2004);
5. Comprometimento em relacionamentos amorosos (Etcheverry & Agnew, 2004; Le & Agnew, 2003; Rydell et al., 2004);
6. Conflitos em relacionamentos de casal (Creasey & Ladd, 2004; Driver & Gottman, 2004);

7. Conquista de parceiros (Schmitt, 2004);
8. Dependência e interdependência em relacionamentos (Ellis, Simpson, & Campbell, 2002; Knobloch & Solomon, 2002);
9. Efeitos de eventos culturais na dinâmica de relacionamentos (Morse & Neuberg, 2004);
10. Emoções em relacionamentos de casal (Becker, Sagarin, Guadagno, Millevoi, & Nicastle, 2004; Kiecolt-Glaser, Bane, Glaser, & Malarkey, 2003);
11. Estilos de apego (Bond & Bond, 2004; Mikulincer, Florian, Cowan, & Cowan, 2002);
12. Influência de parentes no sucesso conjugal (Bryant, Conger, & Meehan, 2001);
13. Mentiras e tentativas de enganar o parceiro em relacionamentos (Boon & McLeod, 2001; Kaplar & Gordon, 2004);
14. Perdão em relacionamentos amorosos (Kachadourian, Fincham, & Davila, 2004);
15. Relacionamentos amorosos homossexuais (Beals & Peplau, 2001; Kurdek, 2004);
16. Relacionamentos amorosos na adolescência (Connolly, Craig, Goldberg, & Pepler, 2004; Zimmer-Gembeck, Siebenbruner, & Collins, 2004);
17. Relacionamentos inter-raciais (Miller, Olson, & Fazio, 2004);
18. Relacionamentos platônicos (Compian, Gowen, & Hayward, 2004);
19. Relações de poder em relacionamentos amorosos (Benjamin, 2003);

20. Relações entre amor e sexualidade (Diamond, 2003; Hendrick & Hendrick, 2002);
21. Relações entre medidas de amor (Masuda, 2003);
22. Relações entre personalidades e características de relacionamentos (Cooper & Sheldon, 2002; Robins, Caspi, & Moffitt, 2002);
23. Relações entre qualidade do relacionamento e ambiente físico co-habitado (Lohmann, Arriaga, & Goodfriend, 2003);
24. Representações e crenças sobre relacionamentos de casal, amor e outros aspectos específicos (Cobb, Larson, & Watson, 2003; Conley & Rabinowitz, 2004; Djikic & Oatley, 2004; Franiuk, Cohen, & Pomerantz, 2002; Moore & Leung, 2001; Neff & Karney, 2002);
25. Respeito em relacionamentos amorosos (Frei & Shaver, 2002);
26. Sexualidade no casamento (Christopher & Sprecher, 2000);
27. Terapia de casal (Doss, Simpson, & Christensen, 2004; Riehl-Emde, Thomas, & Willi, 2003).

Embora a pesquisa sobre relacionamentos amorosos atraia o interesse dos pesquisadores e teóricos da Psicologia, o que garante uma variedade de estudos, não foram identificados muitos testes e medidas psicológicos validados neste âmbito. Geralmente, as medidas utilizadas nas pesquisas sobre relacionamentos são concebidas apenas para servir aos fins dos estudos em que estão inseridas.

De todo modo, existem testes e escalas construídos para finalidades mais gerais, que estão disponíveis aos psicólogos (e em alguns casos a outros profissionais) para serem utilizados seja para fins de pesquisa, clínicos ou outros propósitos.

A seguir, apresentamos informações sintetizadas sobre alguns desses instrumentos, a título de ilustração. Evidentemente, não se trata de uma lista extensiva, mas antes um recorte contendo alguns dos instrumentos mais populares entre pesquisadores e profissionais voltados para a mensuração de aspectos psicológicos em relacionamentos amorosos.

INSTRUMENTOS DE AVALIAÇÃO DE RELACIONAMENTOS AMOROSOS

PERSONAL ASSESSMENT OF INTIMACY IN RELATIONSHIPS (SCHAFER & OLSON, 1981)

O *Personal Assessment of Intimacy in Relationships* (PAIR) é um instrumento de medida que permite avaliar a ocorrência de cinco tipos de intimidade em um relacionamento amoroso. Também pode ser utilizado para quaisquer outros tipos de relacionamentos diádicos, como, por exemplo, amizades. O PAIR possui ao todo 36 itens distribuídos em cinco subescalas, cada uma das quais mede um tipo de intimidade presente no relacionamento: emocional, social, sexual, intelectual e recreacional. São medidas tanto as percepções dos respondentes sobre a ocorrência dessas intimidades quanto as suas expectativas, e as diferenças entre ambas fornecem dados sobre a satisfação no relacionamento. Além de sua utilização como medida de pesquisas em psicologia, o PAIR também é empregado em intervenções de aconselhamento de casais. Todas as subescalas possuem índices de consistência interna satisfatórios. A validade do PAIR encontra suporte em correlações significativas com outras medidas de satisfação conjugal. Esse instrumento ainda não foi validado no Brasil.

DYADIC ADJUSTMENT SCALE (SPANIER, 1976, 1989)

A *Dyadic Adjustment Scale* (DAS) é uma medida autoadministrada de mensuração do ajustamento na relação de casal, utilizada em contextos tanto clínicos como de pesquisa. É composta por 32 itens, subdivididos em quatro subescalas: "Consenso diádico", "Coesão diádica", "Satisfação diádica" e "Expressão dos afetos". Escores totais abaixo de cem são indicativos de perturbações no relacionamento. É um instrumento de aplicação simples e breve, demandando de cinco a dez minutos para ser completado. Uma vasta quantidade de estudos tem utilizado a DAS como um instrumento de medida (Scorsolini-Comin & Santos, 2008; Ward, Lundberg, Zabriskie, & Berrett, 2009). A confiabilidade da escala, em termos de consistência interna, varia de 0,76 a 0,96, sendo considerada boa. Essa medida é capaz de diferenciar indivíduos casados de divorciados e casais "saudáveis" de casais que estejam enfrentando problemas. Apesar de ser utilizado em diversos países, não possui uma versão brasileira validada em território nacional.

ATTITUDES ABOUT ROMANCE AND MATE SELECTION SCALE (COBB ET AL., 2003)

A *Attitudes about Romance and Mate Selection Scale* (ARMSS) é uma escala de atitudes que visa a medir crenças restritivas sobre a seleção de parceiros românticos. É um instrumento formado por 32 itens, sendo que quatro deles são meros distratores para ocultar ao respondente a natureza da medida, e os outros 28 estão distribuídos em sete subescalas, cada uma correspondendo a uma crença restritiva. As subescalas são: "Um e somente um", "O amor é suficiente", "Coabitação", "Asseguração completa", "Idealização", "Facilidade de esforço" e "Os opostos se atraem". Possui validade e fidedignidade satisfatórias. Além de ser usado para fins de pesquisa, os autores sugerem sua utilização na educação e no aconselhamento anterior ao casamento. O ARMSS não foi validado no Brasil.

PERSONAL RELATIONSHIP INVENTORY (MANN, 1994)

O *Personal Relationship Inventory* (PRI) foi construído com o objetivo de avaliar a capacidade individual para amar e envolver-se em relacionamentos íntimos interpessoais, abordando aspectos relacionados à habilidade de manter relacionamentos longos, sendo este inventário constituído por 119 itens distribuídos entre treze escalas: "Compaixão", "Amizade", "Intimidade", "Masculinidade/Feminilidade", "*Self* primitivo", "Ajustamento psicológico", "Amor romântico", "Autorrespeito", "Sensibilidade", "Espiritualidade", "Confiança", "Capacidade de amar" e "Persona". A medida não visa a detectar psicopatologias ou fornecer um psicodiagnóstico, é útil para fins educacionais, como fonte de autoconhecimento que leve ao aprimoramento de habilidades relacionais. As pessoas com escores altos no PRI tendem a ter relacionamentos amorosos estáveis e duradouros. O instrumento foi padronizado numa amostra com mais de dois mil norte-americanos, de onze estados, com idades variando de quatorze a 73 anos. O PRI é atualmente utilizado por psicólogos clínicos e serviços de aconselhamento. Não foi validado no Brasil.

Revised Conflict Tactics Scales (Straus, 1979, 1995; Straus, Hamby, Boney-McCoy, & Sugarman, 1996; Hasselmann & Reichenheim, 2003)

A *Revised Conflict Tactics Scales* (CTS-2) é uma medida de conflitos nos relacionamentos românticos. Seu objetivo é medir agressividade psicológica e física nos parceiros, bem como o uso de estratégias de negociação. Os 39 itens, distribuídos entre cinco escalas ("Agressão física", "Agressão psicológica", "Negociação", "Contusões" e "Coerção sexual"), referem-se a uma diversidade de eventos indicativos de violência na vida do casal, e cabe ao respondente apontar a frequência de cada um desses acontecimentos no passado. Os índices de confiabilidade variam entre satisfatórios e ótimos. A CTS-2 não foi validada no Brasil, mas existe uma versão anterior do instrumento, a *Conflict Tactics Scales Form R* (CTS-1) já traduzida por alguns pesquisadores e utilizada no Brasil. Recentemente foi também publicada uma adaptação transcultural da medida para utilização em amostras brasileiras.

Perceptions of Love and Sex Scale (Hendrick & Hendrick, 2002)

O *Perceptions of Love and Sex Scale* é um instrumento de medida composto por dezessete itens, cuja finalidade é mensurar como as pessoas percebem a ligação entre amor e sexo em seus relacionamentos românticos. A redação dos itens foi desenvolvida a partir de respostas sobre como as pessoas ligam amor a sexo em seus relacionamentos. Os itens dividem-se em quatro subescalas, sendo que cada uma delas expressa a adesão a entendimentos diferenciados das relações entre sexo e amor na vida dos respondentes: "Amor é o mais importante", "Sexo demonstra o amor", "Amor vem antes de sexo" e "Sexo está diminuindo". Após aplicação junto a mais de setecentos sujeitos, o instrumento mostrou estrutura fatorial consistente e índices de confiabilidade predominantemente satisfatórios. Suas finalidades básicas estão ligadas à pesquisa. Não há estudos de validação registrados para a população brasileira.

TRAIT-SPECIFIC DEPENDENCE INVENTORY (ELLIS, SIMPSON, & CAMPBELL, 2002)

O *Trait-Specific Dependence Inventory* (TSDI) avalia traços de personalidade de parceiros em relacionamento amoroso e as dimensões valorativas atribuídas ao parceiro atual em relação a um alternativo. A medida é formada por 35 itens e seis escalas: "Comprometido", "Potencial de obtenção de recursos", "Capacidade física", "Estabilidade emocional", "Extroversão" e "Atratividade física". O respondente deve avaliar o quão difícil seria para ele encontrar um outro parceiro com as mesmas características de personalidade e comportamento. A fundamentação teórica do TSDI integra a psicologia dos traços, a psicologia evolucionária e a teoria da interdependência. A amostra de validação inicial do instrumento foi composta por mais de trezentos casais heterossexuais norte-americanos. O TSDI está voltado principalmente para fins de pesquisas e não foi validado no Brasil.

DECISION TO LEAVE SCALE (HENDY, EGGEN, GUSTITUS, MCLEOD, & NG, 2003)

A *Decision to Leave Scale* (DLS) é uma escala direcionada a mulheres que se veem diante da necessidade de escolher se permanecem ou não em um relacionamento de casal, particularmente quando esses relacionamentos envolvem violência. É uma medida das preocupações específicas que assolam essas mulheres quando devem tomar uma decisão desse porte. Trata-se de uma medida com trinta itens, cujas subescalas são as seguintes: "Medo da solidão", "Necessidades para cuidar de crianças", "Problemas financeiros", "Vergonha social", "Apoio social", "Medo de dano" e "Esperança de que as coisas melhorem". O instrumento foi desenvolvido junto a uma amostra de 1.061 mulheres universitárias e ocupantes de abrigos nos Estados Unidos, e os índices de confiabilidade e teste-reteste da medida foram satisfatórios. Não é um instrumento validado para a população brasileira.

ESCALA FATORIAL DE SATISFAÇÃO COM O RELACIONAMENTO DE CASAL (WACHELKE, ANDRADE, CRUZ, FAGGIANI, NATIVIDADE, 2004)

A *Escala Fatorial de Satisfação com o Relacionamento de Casal* (EFS-RC) mede a satisfação individual em duas dimensões dos relacionamentos de casal: "Satisfação com atração física e sexualidade" e "Satisfação com afinidade de ideias e comportamentos". É formada por oito itens que se dividem entre os dois fatores supracitados. Possui estrutura fatorial consistente, examinada em duas coletas de dados com mais uma amostra de mais trezentos sujeitos, bem como índices de confiabilidade satisfatórios. Até o momento, tem sido utilizada no contexto acadêmico. A EFS-RC é capaz de distinguir entre indivíduos satisfeitos e insatisfeitos com seus relacionamentos e prever com alguma propriedade a satisfação global com o relacionamento de casal. Embora não tenha sido validada sistematicamente no

Brasil, seus estudos de validação ocorreram em Florianópolis e Porto Alegre.

CONCLUSÃO

O número de instrumentos descritos e a vastidão de aspectos abordados, que incluem desde aspectos referentes à intimidade e ao ajustamento até a dependência e satisfação na relação, permitem-nos ter uma ideia da produção de conhecimento na área, tanto no plano teórico como no instrumental. Por outro lado, os instrumentos de medida descritos indicam o quão é reduzida ainda a literatura nacional neste âmbito.

Embora os instrumentos apresentados pareçam ser mais frequentemente utilizados no contexto da pesquisa, parece-nos que sua aplicabilidade na clínica em processos de psicoterapia ou aconselhamento permitiria não só uma compreensão mais precisa deste fenômeno pelo terapeuta, mas poderia proporcionar ao cliente uma compreensão mais concreta de alguns aspectos.

REFERÊNCIAS

Alchieri, J. C., & Cruz, R. M. (2003). *Avaliação psicológica: conceito, métodos e instrumentos*. São Paulo: Casa do Psicólogo.

Aune, K. S., & Wong, N. C. H. (2002). Antecedents and consequences of adult play in romantic relationships. *Personal Relationships, 9*(3), 279-286.

Beals, K. P., & Peplau, L. A. (2001). Social involvement, disclosure of sexual orientation and the quality of lesbian relationships. *Psychology of Women, 25*(1), 10-19.

Becker, D. V., Sagarin, B. J., Guadagno, R. E., Millevoi, A., & Nicastle, L. D. (2004). When the sexes need not differ: emotional responses to the sexual and emotional aspects of infidelity. *Personal Relationships, 11*(4), 529-538.

Benjamin, O. (2003). The power of unsilencing: between silence and negotiation in heterosexual relationships. *Journal for the Theory of Social Behaviour, 33*(1), 1-19.

Bond, S. B., & Bond, M. (2004). Attachment styles and violence within couples. *Journal of Nervous & Mental Disease, 192*(12), 857-863.

Boon, S. D., & McLeod, B. A. (2001). Deception in romantic relationships: subjective estimates of success at deceiving and attitudes toward deception. *Journal of Social and Personal Relationships, 18*(4), 463-476.

Bryant, C. M., Conger, R. D., & Meehan, J. M. (2001). The influence of in-laws on change in marital success. *Journal of Marriage and Family, 63*(3), 614-626.

Busboom, A. L., Collins, D. M., Givertz, M. D., & Levin, L. A. (2002). Can we still be friends? Resources and barriers to friendship quality after romantic relationship dissolution. *Personal Relationships, 9*(2), 215-223.

Christopher, F. S., & Sprecher, S. (2000). Sexuality in marriage, dating, and other relationships: a decade review. *Journal of Marriage and Family, 62*(4), 999-1017.

Cobb, N. P., Larson, J. H., & Watson, W. L. (2003). Development of the Attitudes about Romance and Mate Selection Scale. *Family Relations*, *52*(3), 222-231.

Compian, L., Gowen, L. K., & Hayward, C. (2004). Peripubertal girls' romantic and platonic involvement with boys: associations with body image and depression symptoms. *Journal of Research on Adolescence*, *14*(1), 23-47.

Conley, T. D., & Rabinowitz, J. L. (2004). Scripts, close relationships and symbolic meanings of contraceptives. *Personal Relationships*, *11*(4), 539-558.

Connolly, J., Craig, W., Goldberg, A., & Pepler, D. (2004). Mixed-gender groups, dating and romantic relationships in early adolescence. *Journal of Research on Adolescence, 14*(2), 185-207.

Cooper, M. L., & Sheldon, M. K. (2002). Seventy years of research on personality and close relationships: substantive and methodological trends over time. *Journal of Personality*, *70*(6), 783-812.

Cramer, D. (2004). Effect of the destructive disagreement belief on relationship satisfaction with a romantic partner or closest friend. *Psychology & Psychotherapy: Theory, Research & Practice, 77*(1), 121-133.

Creasey, G., & Ladd, A. (2004). Negative mood regulation expectancies and conflict behaviors in late adolescent college student romantic relationships: the moderating role of generalized attachment representations. *Journal of Research on Adolescence, 14*(2), 235-255.

Diamond, L. (2003). What does sexual orientation orient? A biobehavioral model distinguishing romantic love and sexual desire. *Psychological Review, 110*(1), 173-192.

Djikic, M., & Oatley, K. (2004). Love and personal relationships: navigating on the border between the ideal and the real. *Journal for the Theory of Social Behaviour*, *34*(2), 199-209.

Doss, B. D., Simpson, L. E., & Christensen, A. (2004). Why do couples seek marital therapy? *Professional Psychology: Research & Practice*, *35*(6), 608-614.

Driver, J. L., & Gottman, J. M. (2004). Daily marital interactions and positive affect during marital conflict among newlywed couples. *Family Process, 43*(3), 301-314.

Ellis, B. J., Simpson, J. A., & Campbell, L. (2002). Trait-specific dependence in romantic relationships. *Journal of Personality*, *70*, 611-659.

Etcheverry, P. E., & Agnew, C. R. (2004). Subjective norms and the prediction of romantic relationship state and fate. *Personal Relationships, 11*(4), 409-428.

Franiuk, R., Cohen, D., & Pomerantz, E. M. (2002). Implicit theories of relationships: implications for relationship satisfaction and longevity. *Personal Relationships, 9*(4), 345-367.

Frei, J. R., & Shaver, P. R. (2002). Respect in close relationships: prototype definition, self-report assessment and initial correlates. *Personal Relationships, 9*(2), 121-139.

Hasselmann, M. H., & Reichenheim, M. E. (2003). Adaptação transcultural da versão em português da *Conflict Tactics Scales Form R* (CTS-1), usada para aferir violência no casal: equivalências semânticas e de mensuração. *Cadernos de Saúde Pública, 19*(4), 1083-1093.

Hendrick, S. S., & Hendrick, C. (2002). Linking romantic love with sex: development of the Perceptions of Love and Sex Scale. *Journal of Social and Personal Relationships, 19*(3), 361-378.

Hendy, H. M., Eggen, D., Gustitus, C., McLeod, K. C., & Ng, P. (2003). Decision to Leave Scale: perceived reasons to stay in or leave violent relationships. *Psychology of Women Quarterly, 27*(2), 162-173.

Kachadourian, L. K., Fincham, F., & Davila, J. (2004). The tendency to forgive in dating and married couples: the role of attachment and relationship satisfaction. *Personal Relationships*, *11*(3), 373-393.

Kaplar, M. E., & Gordon, A. K. (2004). The enigma of altruistic lying: perspective differences in what motivates and justifies lie telling within romantic relationships. *Personal Relationships*, *11*(4), 489-507.

Kiecolt-Glaser, J. K., Bane, C., Glaser, R., & Malarkey, W. B. (2003). Love, marriage and divorce: newlyweds' stress hormones foreshadow relationship changes. *Journal of Consulting & Clinical Psychology*, *71*(1), 176-188.

Knobloch, L. K., & Solomon, D. H. (2002). Intimacy and the magnitude and experience of episodic relational uncertainty within romantic relationships. *Personal Relationships*, *9*(4), 457-478.

Kurdek, L. A. (2004). Are gay and lesbian cohabiting couples really different from heterosexual married couples? *Journal of Marriage and Family*, *66*(4), 880-900.

Le, B. & Agnew, C. R. (2003). Commitment and its theorized determinants: a meta-analysis of the Investment Model. *Personal Relationships*, *10*(1), 37-57.

Lohmann, A., Arriaga, X. B., & Goodfriend, W. (2003). Close relationships and placemaking: do objects in a couple's home reflect couplehood? *Personal Relationships*, *10*(3), 437-449.

Mann, R. L. (1994). *Personal Relationship Inventory (PRI): manual for scoring and interpretation*. Palo Alto: Behaviordyne.

Masuda, M. (2003). Meta-analyses of love scales: do various love scales measure the same psychological constructs? *Japanese Psychological Research*, *45*(1), 25-37.

Mikulincer, M., Florian, V., Cowan, P. A., & Cowan, C. P. (2002). Attachment security in couple relationships: a systemic model and its implications for family dynamics. *Family Process*, *41*(3), 405-434.

Miller, S. C., Olson, M. A., & Fazio, R. H. (2004). Perceived reactions to romantic relationships: when race is used as a cue for status. *Group Processes and Intergroup Relations*, *7*, 354-369.

Moore, S. M., & Leung, C. (2001). Romantic beliefs, styles and relationships among young people from Chinese, Southern European and Anglo-Australian backgrounds. *Asian Journal of Social Psychology*, *4*(1), 53-68.

Morse, K. A., & Neuberg, S. L. (2004). How do holidays influence relationship processes and outcomes? Examining the instigating and catalytic effects of Valentine's Day. *Personal Relationships, 11*(4), 509-527.

Neff, L. A., & Karney, B. R. (2002). Judgments of a relationship partner: specific accuracy but global enhancement. *Journal of Personality, 70*(6), 1079-1112.

Pasquali, L. (1999). Histórico dos instrumentos psicológicos. In L. Pasquali (Org.), *Instrumentos psicológicos: manual prático de elaboração* (pp. 13-25). Brasília: LabPAM/IBAPP.

Riehl-Emde, A., Thomas, V., & Willi, J. (2003). Love: an important dimension in marital research and therapy. *Family Process, 42*(2), 253-267.

Robins, R. W., Caspi, A., & Moffitt, T. E. (2002). It's not just who you're with, it's who you are: personality and relationship experiences across multiple relationships. *Journal of Personality, 70*(6), 925-964.

Rydell, R. J., Connell, A. R., & Bringle, R. G. (2004). Jealousy and commitment: perceived threat and the effect of relationship alternatives. *Personal Relationships, 11*(4), 451-468.

Sagarin, B. J., & Guadagno, R. E. (2004). Sex differences in the context of extreme jealousy. *Personal Relationships, 11*(3), 319-328.

Schafer, M. T., & Olson, D. H. (1981). Assessing intimacy: the PAIR Inventory. *Journal of Marriage and Family Therapy, 7*, 47-60.

Schmitt, D. P. (2004). Patterns and universals of mate poaching across 53 nations: the effects of sex, culture and personality on romantically attracting another person's partner. *Journal of Personality & Social Psychology, 86*(4), 560-584.

Scorsolini-Comin, F., & Santos, M. A. (2008). Casamento na medida: uma revisão integrativa de conceitos e instrumentos de mensuração da satisfação conjugal. In S. R. Pasian, E. T. K. Okino, S. R. Loureiro & F. L. Osório (Orgs.), *Avaliação de personalidade: técnicas e contextos diversos* (pp. 55-67). Ribeirão Preto: Vetor.

Spanier, G. B. (1976). Measuring dyadic adjustment: New scales for assessing the quality of marriage and similar dyads. *Journal of Marriage and the Family, 38*, 15-28.

Spanier, G. B. (1989). *Dyadic adjustment scale.* Toronto: Multi-Health Systems.

Strauss, M. A. (1979). Measuring intrafamily conflict and violence: the Conflict Tactics Scales. *Journal of Marriage and the Family, 41*, 75-88.

Strauss, M. A. (1995). *Manual for the Conflict Tactics Scales.* Durham: Family Research Laboratory, University of New Hampshire.

Strauss, M. A., Hamby, S. L., Boney-McCoy, S., & Sugarman, D. B. (1996). The Revised Conflict Tactics Scale (CTS2): development and preliminary psychometric data. *Journal of Family Issues, 17*(3), 283-316.

Tashiro, T., & Frazier, P. (2003). "I'll never be in a relationship like that again": personal growth following romantic relationship breakups. *Personal Relationships, 10*(1), 113-128.

Wachelke, J. F. R., Andrade, A. L. de, Cruz, R. M., Faggiani, R. B., & Natividade, J. C. (2004). Medida da satisfação em relacionamento de casal. *Psico-USF, 9*(1), 11-18.

Ward, P. J., Lundberg, N. R., Zabriskie, R. B., & Berrett, K. (2009). Measuring marital satisfaction: a comparison of the revised dyadic adjustment scale and the satisfaction with married life scale. *Marriage & Family Review, 45*(4), 412-429.

Zimmer-Gembeck, M. J., Siebenbruner, J. M. A., & Collins, W. A. (2004). A prospective study of intraindividual and peer influences on adolescents' heterosexual romantic and sexual behavior. *Archives of Sexual Behavior, 33*(4), 381-394.

4. Satisfação no contexto dos relacionamentos amorosos

João Fernando Rech Wachelke, Alexsandro Luiz de Andrade, Robson Brino Faggiani, Jean Carlos Natividade e Roberto Moraes Cruz

Este capítulo visa ao entendimento da articulação entre teoria e método na investigação da satisfação em relacionamentos de casal. Para tanto, será apresentada uma breve explanação teórica sobre este fenômeno, seguida por uma atividade de pesquisa realizada na área. O estudo em questão envolveu a construção e a validação de um instrumento destinado a medir a satisfação individual em relação a aspectos específicos do namoro.

Qualidade de relacionamento, satisfação e satisfação com a relação amorosa

Antes de abordar o tema da satisfação no relacionamento de casal, é importante tratar de dois conceitos básicos. Em primeiro lugar, cabe definir qualidade de relacionamento, o campo em que se situa a satisfação com a relação amorosa. Torna-se necessário, também, definir o conceito de satisfação.

Fincham e Bradbury (1987) definem qualidade de relacionamento como uma avaliação global subjetiva emitida por um indivíduo sobre um relacionamento romântico do qual participe. Em outras palavras, é o julgamento de uma relação de namoro, casamento, ou mesmo de um relacionamento pouco formalizado, como sendo bom, ruim, razoável, e assim por diante.

É necessário esclarecer que a qualidade de relacionamento é um construto que não necessariamente está restrito à realidade dos relacionamentos de casal. Pode ser aplicado também na avaliação das relações entre amigos, familiares ou profissionais; de certa maneira, os termos "qualidade de relacionamento" são adequados à medida que se refere a um relacionamento qualquer envolvendo duas ou mais pessoas. No contexto do presente livro, o foco está nas relações amorosas, portanto interessa-nos a avaliação da qualidade de relacionamento de uma relação amorosa.

Adotando-se a concepção teórica proposta por Fletcher, Simpson e Thomas (2000), há diversos aspectos específicos no relacionamento que influenciam essa avaliação global. São construtos de ordem hierárquica inferior que compõem a qualidade do relacionamento, isto é, são preditores dentre os quais podem ser destacados, por exemplo, a intimidade entre as pessoas que se relacionam, o compromisso que possuem com o relacionamento e a satisfação com a relação. Portanto, é sob essa perspectiva que consideramos a satisfação com o relacionamento amoroso: como um dos aspectos que influenciam a constituição da avaliação global do relacionamento. Mas o que seria satisfação?

Etimologicamente, o termo "satisfação" deriva dos termos em latim "*satis*", que significa "suficiente", e "*facere*", "fazer". Remete, portanto, ao conceito de contentamento ou estado de agrado decorrente de alguma coisa corresponder ao que dela se deseja (Ferreira, 1988). Devido à necessidade de definir claramente esse construto para os fins deste capítulo e da consecução das investigações científicas, satisfação será tratada como "... uma avaliação positiva de um objeto, obtida após comparação com objetos semelhantes que possuam características consideradas aceitáveis ou boas" (Wachelke, Andrade, Cruz, Faggiani & Natividade, 2004).

Neste contexto, o objeto está circunscrito à relação amorosa. Para Arriaga (2001, p. 756), estar satisfeito com um relacionamento de casal implica a avaliação que uma pessoa faz acerca da positividade presente na relação, tomando como referência o que se espera da relação. Quando o nível de positividade supera as expectativas individuais sobre o relacionamento, é possível afirmar que uma pessoa encontra-se satisfeita, em maior ou menor grau.

Algumas considerações necessitam ser feitas acerca dos desdobramentos dessa definição de satisfação com relacionamentos. O processo de comparação com outros relacionamentos e com as percepções individuais sobre o que um dado relacionamento pode oferecer assumem, então, um papel determinante na satisfação ou insatisfação com a relação. Não necessariamente um relacionamento satisfatório é um relacionamento com características positivas por si só. De acordo com a definição utilizada neste capítulo, mesmo uma relação da qual um indivíduo espera pouco retorno lhe pode ser satisfatória; basta que ele obtenha um pouco mais do que prevê. Uma variação significativa de graus de satisfação seria encontrada em pessoas diferentes que estivessem vivendo relações com características semelhantes, e seria provável que grande parte dessas diferenças fosse resultante de graus de exigência os mais diversos possíveis acerca de como deve ser um relacionamento amoroso.

Além de levar em consideração que a satisfação com o relacionamento do casal seja um componente da qualidade do relacionamento, é importante também conceber que a própria satisfação com o relacionamento é composta por dimensões de ordem hierárquica inferior.

A pesquisa apresentada neste capítulo almejou construir uma escala capaz de medir a "satisfação", incluindo também domínios relativamente isolados do relacionamento. Foram abordadas as relações entre a satisfação com o namoro e outros construtos, como o bem-estar psicológico. Este estudo visa também a verificar se, efetivamente, é possível prever a satisfação com o namoro a partir de medidas da satisfação com aspectos do relacionamento.

MEDIDA DA SATISFAÇÃO COM RELACIONAMENTO DE CASAL

Decidir uma maneira de medir alguma característica psicológica implica refletir sobre uma técnica de medida capaz de representar acuradamente as características do construto que se deseja mensurar. No caso da satisfação com relacionamento de casal, um instrumento que simplesmente diferenciasse os indivíduos entre "satisfeitos" e "insatisfeitos" poderia ter utilidade em alguns contextos de investigação; no entanto, provavelmente deixaria de considerar muitas nuances presentes neste construto. Por exemplo, mesmo uma pessoa satisfeita pode estar razoavelmente ou muito satisfeita. Já um indivíduo insatisfeito com o relacionamento poderia encontrar-se apenas ligeiramente descontente ou completamente desiludido.

Uma representação gráfica das relações entre qualidade de relacionamento, satisfação global com o relacionamento e satisfação com aspectos específicos do relacionamento é apresentada na Figura 1. Trata-se de uma adaptação de um dos modelos propostos por Fletcher *et al.* (2000).

Figura 1. Relações entre qualidade de relacionamento, satisfação global com o relacionamento e satisfação com aspectos específicos do relacionamento.

Consideramos que uma estratégia prudente é referir-se a graus de satisfação, tratando o construto como uma variável contínua passível de ser representada numericamente. As escalas psicométricas são instrumentos eficazes para medir construtos tratados desse modo e que, segundo Pasquali (1999), permitem caracterizar graus de magnitude de atributos psicológicos.

Geralmente, a medida da satisfação é feita por meio de escalas do tipo Likert. Nesse tipo de escala de medida, os itens são apresentados como sentenças afirmativas ou negativas a respeito de aspectos do relacionamento, cabendo ao indivíduo avaliar quão verdadeiras elas são no que diz respeito ao seu relacionamento, por meio de uma atribuição de um conceito ou número presente numa grade de respostas, que pode variar de *completamente falso* a *completamente verdadeiro*, ou de *discordo fortemente* a *concordo fortemente*, ou ainda tomar outras formas semelhantes. A cada um dos pontos da grade de respostas, é pareado um valor numérico, por exemplo: "1 – *não é verdadeiro*"; "2 – *possui alguns aspectos falsos e verdadeiros*"; "3 – *completamente verdadeiro*".

A escala do tipo Likert é popular entre os estudiosos de atitudes. Entretanto, no caso deste estudo, seu uso aplica-se na avaliação da satisfação, logo, tem enfoque um pouco diferente. Em vez de caracterizar a favorabilidade de um indivíduo em relação a um objeto social, como é o caso das escalas de atitudes, são apresentadas frases que sugerem contentamento com a situação do relacionamento (seja globalmente ou em aspectos específicos). Quanto mais o respondente concordar com elas ou as julgar verdadeiras, utilizando a grade numérica de respostas, é considerado que mais satisfeito está. No caso de itens que sugiram características indesejáveis do relacionamento, a pontuação da grade é invertida para que seja calculada a pontuação na escala. Por sua vez, o resultado da escala é obtido ou por meio da soma dos itens constituintes ou por meio da média dos itens, o que produz resultados semelhantes.

Entre os instrumentos que medem a satisfação com o relacionamento de casal, há os que a avaliam por meio de itens que prezam por uma avaliação global não ligada a comportamentos ou avaliações de aspectos específicos, mas ao relacionamento como um todo. Alguns exemplos são a escala Rusbult (Rusbult, 1983) e a *Kansas Marital Satisfaction Scale* (Schumm et al., 1986), ambas instrumentos com o formato Likert de nove pontos. Existem também escalas que visam a chegar a um escore de satisfação com base em aspectos específicos do relacionamento, como harmonia, reciprocidade, compreensão e atração física. São exemplos desse tipo a dimensão "satisfação" da *Dyadic Adjustment Scale* (DAS) (Spanier, 1976) e a escala construída por Simpson (1987). Para obter detalhes sobre a utilização recente de escalas e medidas no contexto de pesquisas sobre relacionamentos, é recomendável consultar Blum e Mahrabian (1999), Hernandez e Oliveira (2003), Nakano et al. (2002) e Sanderson e Cantor (1997).

Embora existam diversos instrumentos com a finalidade de medir a satisfação no relacionamento, alguns dos quais já foram mencionados anteriormente, o mesmo não se pode afirmar sobre a avaliação da satisfação com o relacionamento de casal. A seguir, apresentamos o processo de construção da escala para medir a satisfação com aspectos específicos do relacionamento.

CONSTRUÇÃO E VALIDAÇÃO DA ESCALA FATORIAL DE SATISFAÇÃO COM O RELACIONAMENTO DE CASAL

CONTEÚDO E CONSTRUÇÃO DOS ITENS

O trabalho de construção da escala constituiu-se em duas etapas. A primeira consistia na elaboração e seleção de itens com validade de conteúdo, visando à construção de um instrumento psicométrico de satisfação com relação a aspectos específicos do relacionamento amoroso. A construção do instrumento iniciou-se com um levantamento de indicadores de satisfação, que por sua vez orientariam o conteúdo dos itens.

Participaram dessa etapa de levantamento do conteúdo para a elaboração da escala dez indivíduos (cinco de cada sexo), com idades variando entre dezessete e 25 anos, todos envolvidos em relacionamentos de namoro à época do estudo. Eles responderam a um questionário aberto em que se perguntou o que consideravam importante para que um namoro fosse satisfatório. Suas respostas foram livres e, após a categorização, foram identificados quatro indicadores que poderiam vir a fazer parte da escala: satisfação com relação às afinidades de ideias e comportamentos entre os companheiros, satisfação com a atração física, satisfação com o envolvimento emocional no relacionamento e satisfação com o tempo disponível para o relacionamento.

Posteriormente, foram construídos oito itens no formato de escala Likert de dez pontos, variando de um ("discordo fortemente") a dez ("concordo fortemente"), com frases que refletissem comportamentos relacionados aos quatro indicadores obtidos. Os itens formaram um questionário preliminar de satisfação com relação a aspectos do relacionamento, sendo que os respondentes deveriam avaliar em que grau cada item refletia seu relacionamento, indicando assim a intensidade da satisfação. Foram calculadas as médias aritméticas dos itens supostamente vinculados a cada indicador. A seguir, são apresentados exemplos e a quantidade de itens que compunham cada indicador.

Além desses itens, foi adicionado ao questionário um outro item destinado a obter uma medida da satisfação global com o relacionamento, semelhante a um dos itens da escala de satisfação (Rusbult, 1983, p. 104) – "estou satisfeito com o relacionamento com meu [ou minha] namorado [ou namorada]" –, com o mesmo formato de resposta. Esse item foi adicionado para que pudessem ser calculadas correlações entre os indicadores e o item de satisfação geral, o que forneceria uma medida da covariância entre os aspectos mensurados e a satisfação. Caso essa relação fosse de magnitude razoável, esses aspectos seriam posteriormente trabalhados e ampliados para inclusão na escala final.

Tabela 4.1 – Exemplos e número de itens que compunham a primeira versão do EFS-RC

Indicadores	Qtd. itens	Exemplo
Afinidades de ideias e comportamentos	3	Meu [ou minha] namorado [ou namorada] e eu gostamos de participar de atividades similares.
Atração física	2	Considero meu [ou minha] namorado [ou namorada] fisicamente atraente.
Envolvimento emocional	3	Sou uma pessoa apaixonada por meu [ou minha] namorado [ou namorada].
Tempo disponível	1	Considero o tempo que tenho disponível para meu relacionamento suficiente.

Dos 44 indivíduos que responderam ao questionário, 27 eram mulheres e possuíam idade média de 22 anos. Os indicadores de envolvimento emocional, afinidades de interesses e comportamentos e atração física obtiveram correlações superiores e magnitude, e seriam, a princípio, incluídos na escala. No entanto, foi decidido que não seriam construídos itens com conteúdos vinculados ao indicador envolvimento emocional, principalmente porque os itens do questionário foram considerados confusos, tendo em vista que a ligação do significado do indicador ao dos itens supostamente relacionados com ele não parecia ser tão clara para os autores e para alguns participantes que forneceram *feedback* após a coleta de dados.

VALIDAÇÃO DA VERSÃO FINAL DO INSTRUMENTO

A segunda etapa do processo envolveu a construção da versão final do instrumento, sua aplicação e validação. Isto é, a determinação da estrutura fatorial e o cálculo da confiabilidade da escala. Para constituir a versão final da Escala Fatorial de Satisfação com Relacionamento de Casal (EFS-RC), foram definidos nove itens associados a uma escala Likert de cinco pontos, em que os participantes deveriam descrever seu grau de concordância em relação às sentenças apresentadas, à semelhança do que ocorreu na primeira etapa.

Também compuseram o questionário algumas perguntas de caracterização sobre sexo, idade, tempo de relacionamento e um item de resposta fechada em que os participantes deveriam assinalar se julgavam seu relacionamento como ótimo ou passível de melhoras. Esse item tinha por objetivo separar os participantes em dois grupos para análise: indivíduos satisfeitos com seus relacionamentos e indivíduos pouco satisfeitos.

Para a coleta de dados referente à validação do instrumento, buscou-se uma amostra diversificada em termos de idade, contemplando ambos os sexos, com a única condição de que estivessem participando de um relacionamento de casal, preferencialmente namoro ou casamento, mas também foram aceitos como sujeitos de pesquisa indivíduos envolvidos em relações íntimas menos formais. A amostra foi formada por 364 indivíduos (cerca de 60% eram mulheres), com idades variando amplamente, desde adolescentes até idosos. Cerca de 62% dos participantes foram classificados no grupo de satisfeitos com o relacionamento, de acordo com a resposta ao item fechado descrito anteriormente, enquanto o restante foi considerado parte do grupo de insatisfeitos com suas relações.

A coleta de dados ocorreu em locais públicos de Florianópolis e Porto Alegre, como praças de alimentação de centros comerciais, bancos públicos, terminais de ônibus, *campi* universitários e outros. Os questionários foram respondidos individualmente e, durante todo o processo, um assistente de aplicação devidamente treinado encontrava-se à disposição do participante para esclarecer quaisquer dúvidas.

Para a validação da escala, foi realizada uma análise dos componentes principais seguida de análise fatorial com rotação *varimax* para obter fatores, isto é, conjuntos de itens referentes a construtos, com suposta independência entre si. No presente caso, supomos que esses construtos corresponderiam a avaliações de satisfação com a atração física e com a afinidade de ideias e comportamentos.

A análise de componentes principais sugeriu a existência de dois fatores, que explicavam pouco mais da metade da variância, e, portanto, procedemos à extração deles com rotação *varimax*. Cinco itens apresentaram cargas fatoriais superiores a 0,30 em relação ao fator um, enquanto os outros quatro vincularam-se ao fator dois. Os dois fatores encontrados receberam a seguinte nomeação: "Satisfação com Sexualidade e Atração Física" (SAFS) e "Satisfação com Afinidades de Interesses e Comportamentos" (SAIC).

O fator SAFS é constituído por itens que dizem respeito à satisfação dos participantes em relação à aparência de seus companheiros e às situações de contato físico entre ambos. Por outro lado, refere-se à compatibilidade das pessoas que se relacionam no que tange a suas ideias, preferências e ações. Observa-se, portanto, que ambos os fatores, tomados como subescalas distintas da EFS-RC, são versões aprimoradas dos indicadores obtidos na primeira etapa do estudo.

Os índices de confiabilidade alfa de Cronbach obtidos foram satisfatórios, embora não ótimos. A escala SAIC teve um alfa apenas aceitável na condição de ser um instrumento recente. De todo modo, os índices obtidos foram inferiores a 0,80, o que sugere a pertinência de aprimoramento da escala.

Quanto ao poder de discriminação da EFS-RC em relação à satisfação com o relacionamento, esperava-se que, ao comparar estatisticamente as médias obtidas na escala pelos grupos de satisfeitos e insatisfeitos com seus relacionamentos, fossem encontradas diferenças significativas. Caso isso não ocorresse, seríamos levados a crer que a EFS-RC não teria validade de critério, pois não seria possível prever o estado de satisfação de uma pessoa com base em seus escores. No entanto, tanto na subescala SAFS quanto na SAIC, os indivíduos do grupo de satisfeitos apresentaram valores maiores que os insatisfeitos, diferenças significativas no nível de 0,1%.

REVALIDAÇÃO DA ESCALA

Dois anos após a coleta de dados com a versão final do instrumento, foi realizada nova coleta, com a finalidade de verificar a estabilidade e a generalidade da escala. Uma amostra de magnitude similar à da coleta anterior foi utilizada: 342 indivíduos, dos quais 52% eram mulheres. No entanto, a população pesquisada foi diferente. Buscou-se restringir a idade dos participantes ao intervalo de 18 a 35 anos. Além disso, todos eram estudantes universitários, abrangendo no total 31 cursos de uma instituição federal de Ensino Superior. A coleta de dados ocorreu nas salas de aula da universidade.

A análise fatorial e os cálculos de confiabilidade foram novamente efetuados. Esperava-se que fossem encontrados uma estrutura fatorial e índices de confiabilidade semelhantes, o que indicaria a efetividade e a estabilidade da escala entre as amostras estudadas. A utilização de uma população distinta da anterior poderia demonstrar se a escala seria considerada da mesma maneira junto a diferentes grupos. De fato, a estrutura fatorial encontrada após análise fatorial com extração de dois fatores e rotação *varimax* foi muito parecida com a obtida na primeira análise de dados. Observou-se que os itens distribuíram-se de maneira semelhante; no entanto, um dos itens que compunha o fator "Satisfação com Afinidades de Interesses e Comportamentos" teve carga fatorial baixa em ambos os fatores, sugerindo-se que fosse excluído da escala. No que diz respeito à confiabilidade do instrumento, foi observado que as duas subescalas apresentaram valores satisfatórios no alfa de Cronbach, ambos superiores aos obtidos no primeiro estudo de validação, embora a subescala SAIC ainda não apresente um alfa na casa dos 0,70.

Foi decidido que a EFS-RC seria formada por oito itens, cinco da subescala SAFS e três ligados à subescala SAIC. Os escores de cada subescala devem ser calculados separadamente, pois representam duas dimensões distintas da satisfação com relacionamento de casal.

Conclusão

A EFS-RC pode ser utilizada em pesquisas e diagnósticos de relacionamentos, principalmente se associada a outras técnicas, na forma de um instrumento de mensuração breve e de fácil aplicação. É importante, no entanto, apresentar algumas ressalvas para seu uso. Em primeiro lugar, sua confiabilidade encontra-se ainda aquém da ideal, especialmente em relação a afinidades de interesses e comportamentos. Além disso, há a necessidade de validá-la em outras regiões do Brasil, pois o instrumento foi testado apenas em dois estados do Sul do país. Por fim, cabe ressaltar que a escala não esgota os fatores componentes da satisfação com relacionamento de casal, apenas destina-se a medir dois deles, sugeridos durante as primeiras etapas de construção do instrumento. A EFS-RC encontra-se reproduzida a seguir, junto a algumas instruções e recomendações de uso.

Escala fatorial de satisfação em relacionamento de casal (EFS-RC)

Instruções e análise: é um instrumento autoadministrado que pode ser aplicado individual ou coletivamente. Para cada um dos itens, o respondente deve indicar o respectivo grau de concordância, atribuindo-lhes valores de um (discordo fortemente) a cinco (concordo fortemente).

Há dois fatores, sendo que os escores são calculados por meio de média aritmética simples dos valores dos itens de cada fator.

Os itens 1, 3 e 5 formam a subescala "Satisfação com Afinidades de Interesses e Comportamentos" (SAIC), e os restantes formam a subescala "Satisfação com Atração Física e

Sexualidade" (SAFS). O item assinalado com asterisco deve ter seu escore revertido.

1. Meu (minha) namorado(a) e eu temos muitas ideias e interesses em comum.
2. Considero meu (minha) namorado(a) bonito(a).
3. Meu (minha) namorado(a) e eu temos interesses e expectativas compatíveis com relação a nosso futuro profissional.
4. Meu (minha) namorado(a) é fisicamente atraente para mim.
5. Meu (minha) namorado(a) e eu gostamos de participar de atividades similares.
6. A aparência de meu (minha) namorado(a) não é ideal para mim.*
7. Sinto muita vontade de envolver-me em situações de contato físico com meu (minha) namorado(a).
8. As situações de contato físico entre meu (minha) namorado(a) e eu são muito prazerosas.

Referências

Arriaga, X. B. (2001). The ups and downs of dating: fluctuations in satisfaction in newly formed romantic relationships. *Journal of Personality & Social Psychology, 80*(5), 754-765.

Blum, J. S., & Mahrabian, A. (1999). Personality and temperament correlates of marital satisfaction. *Journal of Personality, 67*, 93-125.

Ferreira, A. B. de H. (1988). *Dicionário Aurélio básico da língua portuguesa*. Rio de Janeiro: Nova Fronteira.

Fincham, F. D., & Bradbury, T. N. (1987). The assessment of marital quality: A re-evaluation. *Journal of Marriage and the Family, 49*, 797-810.

Fletcher, G. J. O., Simpson, J. A., & Thomas, G. (2000). The measurement of perceived relationship quality components: A confirmatory factor analytic approach. *Personality and Social Psychology Bulletin, 26*(3), 340-354.

Hernandez, J. A. E., & Oliveira, I. M. B. de. (2003). Os componentes do amor e a satisfação. *Psicologia Ciência e Profissão, 23*(1), 58-69.

Nakano, Y., Sugiura, M., Aoki, K., Hori, S., Oshima, M., Kitamura T., & Furukawa, T. A. (2002). A Japanese version of the Quality of Relationship Inventory: Its reliability and validity among women with recurrent spontaneous abortion. *Psychiatry and Clinical Neurosciences, 56*, 527-532.

Pasquali, L. (1999). Escalas psicométricas. In L. Pasquali (Org.), *Instrumentos psicológicos: manual prático de elaboração* (pp. 82-103). Brasília: IBAPP.

Rusbult, C. E. (1983). A longitudinal test of the investment model: The development (and deterioration) of satisfaction and commitment in heterosexual involvements. *Journal of Personality and Social Psychology, 45*, 101-117.

Sanderson, C., & Cantor, A. N. (1997). Creating satisfaction in steady dating relationships: The role of personal goals and situational affordances. *Journal of Personality & Social Psychology, 73*(6), 1424-1433.

Schumm, W. R., Paff-Bergen, L. A., Hatch, R. C., Obiorah, F. C., Copeland, J. E., Meens, L. D., & Bugaighis, M. A. (1986). Concurrent and discriminant validity of the Kansas Marital Satisfaction Scale. *Journal of Marriage and the Family, 48*, 381-388.

Simpson, J. A. (1987). The dissolution of romantic relationships: Factors involved in relationship stability and emotional distress. *Journal of Personality and Social Psychology*, 53, 683-692.

Spanier, G. B. (1976). Measuring dyadic adjustment: New scales for assessing the quality of marriage and similar dyads. *Journal of Marriage and the Family, 38*, 15-28.

Wachelke, J. F. R., Andrade, A. L. de, Cruz, R. M., Faggiani, R. B., & Natividade, J. C. (2004). Medida da satisfação em relacionamento de casal. *Psico-USF, 9*(1), 11-18.

5. Satisfação no Relacionamento Amoroso e Bem-estar Psicológico

João Fernando Rech Wachelke, Alexsandro Luiz de Andrade,
André Moraes Souza, Paulo Fabrício Ulguim Rodrigues,
Maria Elisa Bissoli Nicolau e Rosimeire Reis Bento

Este capítulo apresenta a investigação de algumas facetas do fenômeno apresentado no capítulo anterior: satisfação com o relacionamento de casal. Sua meta é discutir e verificar empiricamente como a satisfação com o namoro está relacionada a outros construtos: satisfação com aspectos específicos da relação e bem-estar psicológico. Os resultados de análises correlacionais e de regressão ilustram as relações entre os construtos investigados e complementam os estudos de validação da Escala Fatorial de Satisfação com Relacionamento de Casal (EFS-RC).

Importância do Relacionamento de Casal em Outras Áreas da Vida Pessoal

Relacionar-se romanticamente é parte integrante da vida de quase todas as pessoas de todas as culturas mundiais já há muitos séculos. De fato, as características dos relacionamentos amorosos podem variar muito conforme os meios sociais observados: o repertório de possibilidades abrange desde os casamentos arranjados, que de romântico pouco possuem, até o "ficar" sem compromisso. De qualquer maneira, é seguro afirmar que, para a maioria das pessoas, conquistar parceiros, namorar e casar não são apenas eventos corriqueiros, mas sim acontecimentos importantes que podem exercer forte impacto na vida das pessoas envolvidas em uma relação.

Não é nosso objetivo investigar as razões pelas quais os relacionamentos amorosos são importantes. Alguns, possivelmente, tenderiam a explicá-las por meio de teorias evolucionistas, interpretando os relacionamentos de casal como comportamentos favorecidos pela seleção natural para garantir a propagação da espécie por meio da reprodução e do cuidado com uma prole frágil, característica dos seres humanos, vinculando, assim, sua relevância nos dias atuais a tendências filogenéticas. Outros, provavelmente, argumentariam que, com o desenvolvimento da cultura, o significado dos relacionamentos amorosos já não poderia mais ser vinculado estreitamente a explicações biológicas e, portanto, quaisquer explicações deveriam sustentar-se numa análise dos símbolos culturais vigentes em cada sociedade. O assunto inspira um longo e complexo debate investigado por pesquisadores de tradições diversas.

Desconsiderando-se os determinantes do engajamento pessoal em relacionamentos amorosos, o que se pode afirmar com razoável consenso é que as características das experiências vividas em relações românticas estão associadas a efeitos em várias dimensões da vida. Quanto à saúde individual, os resultados de algumas pesquisas apontam para a existência de relações pertinentes. Kemper e Bologh (1981) conduziram um estudo para buscar uma resposta à pergunta "estar apaixonado faz bem para a saúde?", e observaram que relacionamentos longos e estáveis, ou que estejam passando por momentos satisfatórios, possuem reflexos positivos para o bem-estar dos indivíduos ou pelo menos não são acompanhados por transtornos de saúde. Por outro lado, se os relacionamentos estiverem passando por crises ou momentos de instabilidade, são frequentemente associados a relatos de problemas de saúde, como gripes, enxaquecas, cansaço, entre outros sintomas.

Cramer e Donachie (1999), ao estudarem as relações entre variação da proximidade do apoio mútuo fornecido por pessoas de relacionamentos diádicos românticos e platônicos, observaram que, entre as mulheres, a percepção de proximidade diminuída no relacionamento está associada à baixa autoestima e à saúde mental comprometida, e apenas a esta última condição entre os homens com relacionamentos platônicos. Já o aumento da proximidade não tem associação significativa com melhores graus de saúde.

Tomando como ponto de partida o fato de características de relacionamentos possuírem correlação com outros fenômenos psicológicos individuais, o objetivo deste estudo foi examinar as relações entre uma faceta do fenômeno amplo dos relacionamentos amorosos, tratado no capítulo anterior, a satisfação com os relacionamentos de casal, e o significado atribuído à satisfação na relação amorosa e em outras esferas da vida pessoal.

A discussão e a investigação apresentadas limitam-se às relações da satisfação com dois tipos de construtos: (1) o bem--estar psicológico do indivíduo envolvido; e (2) a satisfação com aspectos específicos do relacionamento. No primeiro caso, o que inspirou a pesquisa foi a investigação da existência de uma associação positiva entre dimensões do bem-estar psicológico e a satisfação que uma pessoa encontra em um namoro. Se essa relação fosse confirmada, fortalecer-se-ia a posição de que seria possível inferir parte do bem-estar individual a partir da satisfação apresentada pela pessoa no relacionamento.

Já no segundo caso, o objetivo foi elaborar um modelo capaz de prever a satisfação global com o namoro a partir da satisfação com elementos distintos do relacionamento. Assim, seria possível verificar a viabilidade de considerar a satisfação com o namoro como um construto composto por outros, restritos a elementos específicos do relacionamento, em concordância com o modelo proposto por Fletcher, Simpson e Thomas (2000), apresentado no capítulo 3, assegurando maior validade à Escala Fatorial de Satisfação em Relacionamento de Casal (Wachelke, Andrade, Cruz, Faggiani, & Natividade, 2004).

É desnecessário tratar dos conceitos de satisfação e qualidade de relacionamento e das noções de satisfação com o relaciona-mento de casal e satisfação com aspectos específicos do relacio-namento no presente capítulo. O capítulo 3 deste livro traz uma explanação breve, mas suficiente, desses termos integrados ao modelo teórico de Fletcher *et al.* (2000). Cabe ressaltar que a satisfação individual com dois aspectos dos relacionamentos amo-rosos – afinidades, tanto de interesses como de comportamentos, e atração física e sexualidade – é medida pela Escala Fatorial de Satisfação com Relacionamento de Casal (EFS-RC), e, segundo o modelo, são construtos de ordem hierárquica inferior, compo-nentes da satisfação global com o relacionamento. É essa relação que se pretende averiguar no contexto da pesquisa aqui descrita.

Entretanto, antes de iniciar o relato do estudo empírico, é necessário situar o leitor acerca do conceito de bem-estar psicológico. Cabe, também, fornecer alguns exemplos de como o bem-estar é medido com instrumentos psicométricos.

DEFINIÇÕES E MEDIDAS DIFUNDIDAS DE BEM-ESTAR PSICOLÓGICO

Não há ainda consenso na comunidade científica sobre o que seja o bem-estar psicológico enquanto construto. Para fornecer um panorama de sua definição e operacionalização em estudos da ciência psicológica, tomaremos como referencial as revisões bibliográficas propostas por Ryff (1989) e Ryff e Keyes (1995), as quais identificam duas perspectivas primárias de abordagem do bem-estar psicológico.

A primeira teve início com o trabalho de Bradburn (1969), em pesquisa sobre como mudanças macrossociais afetariam as situações de vida de americanos e, por conseguinte, seu senso de bem-estar psicológico. Com base em razões históricas e no senso comum, Bradburn definiu bem-estar psicológico como um sinônimo de felicidade, e mediu o construto como o equilíbrio entre afetos positivos e negativos. As ocorrências de sentimentos positivos e negativos na vida pessoal aparentavam ser dimensões relativamente independentes, com base nos resultados empíricos. O trabalho de Bradburn (1969) inspirou diversas outras investigações que tratavam o bem-estar psicológico de forma semelhante, associando-o a afetos positivos e negativos. Estudos subsequentes refinaram as teorias sobre as relações entre os dois tipos de afetos, questionando sua independência e apontando para diferenças na sua frequência e intensidade. Foram desenvolvidos vários instrumentos voltados para a mensuração de aspectos afetivos positivos e negativos nas vidas das pessoas. A *Positive and Negative Affect Scale* (PANAS), desenvolvida por Watson, Clark e Tellegen (1988), é um instrumento desse tipo. Essa escala é formada por vinte itens que buscam medir a intensidade de ocorrência de afetos percebidos como positivos, tais como entusiasmo, excitação, atividade, e negativos, tais como medo, nervosismo, culpa e vergonha.

A segunda vertente de estudos sobre bem-estar psicológico apontada por Ryff (1989) não enfoca a felicidade, mas a satisfação com a vida, em conformidade com a definição de satisfação apresentada no capítulo 3, e partindo do pressuposto de que, enquanto a felicidade é entendida como um componente de natureza fundamentalmente afetiva, a satisfação com a vida é essencialmente cognitiva. A escala *Life Satisfaction Index* (LSI), desenvolvida por Neugarten, Havighurst e Tobin (1961), é uma medida clássica baseada na noção de bem-estar psicológico, construída para diferenciar pessoas que envelheciam "bem" das que envelheciam "mal". O instrumento é constituído por dezoito itens que expressam tanto avaliações gerais da vida como avaliações comparativas em termos de passado, presente e futuro.

Grande parte dos estudos sobre bem-estar psicológico tem adotado uma ou ambas as perspectivas apresentadas por Ryff (1989). Os conceitos utilizados quase sempre se alimentam das matrizes delineadas sobre felicidade e satisfação com a vida. Por vezes, as denominações utilizadas em pesquisas apresentam algumas oscilações, mas acabam tratando de fenômenos parecidos ou muito relacionados. Para Diener e Diener (1995), por exemplo, o bem-estar psicológico é constituído pelas reações avaliativas de uma pessoa sobre sua vida, tanto em termos de satisfação com ela como em termos de afetividade. De maneira semelhante, para Albuquerque e Tróccoli (2004), o bem-estar subjetivo (termo utilizado por eles para bem-estar psicológico) possui três componentes: satisfação com a vida, afetos positivos e afetos negativos. Em uma revisão da literatura, esses autores descrevem a existência de diversas nomenclaturas para os fenômenos estudados e inúmeras discordâncias teóricas.

SEIS DIMENSÕES DE BEM-ESTAR PSICOLÓGICO: A PERSPECTIVA DE RYFF

Embora a maior parte dos estudos sobre bem-estar psicológico esteja inserida nas diretrizes caracterizadas na seção anterior, Ryff (1989, p. 1072) apresenta argumentos que contestam a adequação dessas definições. Segundo a autora, os estudos fundamentais na determinação dos rumos a serem tomados pela pesquisa na área (Bradburn, 1969; Neugarten et al., 1961) não realizaram um esforço de teorização voltado especificamente para o construto bem-estar psicológico na elaboração de suas medidas. O que foi realizado efetivamente foi o estudo priorizado de fenômenos psicológicos distintos, sendo que foi feito o uso de instrumentos de mensuração ad hoc para diferenciar a magnitude do que seria bem-estar psicológico.

Não foi o interesse primário desses estudos pioneiros propor um modelo estrutural para o bem-estar psicológico. Mesmo assim, as maneiras sugeridas pelos autores e os conceitos utilizados difundiram-se junto à comunidade científica. As medidas foram aprimoradas posteriormente, mas isso ocorreu basicamente no que diz respeito à confiabilidade. Não foi feita ampla revisão teórica e conceitual do construto bem-estar psicológico; partiu-se dos achados preliminares sobre afetos positivos e negativos e satisfação com a vida e erigiu-se um corpo teórico sob essas bases.

Ryff (1989) propôs uma revisão da definição do conceito em questão, com base na obra de diversos autores "alternativos" da área de bem-estar psicológico. Entre os trabalhos consultados, encontram-se nomes como Maslow, Rogers, Jung, Erikson e Allport, que apesar de terem abordado temas vinculados ao bem-estar psicológico, como autoatualização, individuação e maturidade, não foram contemplados por razões diversas, como a não apresentação de técnicas de medida confiáveis e a tendência a uma diversidade muito grande de concepções sobre o conceito de bem-estar.

Ryff (1989) e Ryff e Keyes (1995) operacionalizaram algumas das características de bem-estar psicológico propostas por alguns desses trabalhos, chegando a um modelo estrutural de bem-estar psicológico composto por seis dimensões, que foram formuladas com base na literatura e confirmadas empiricamente. De acordo com esse modelo, o bem-estar psicológico é formado por seis fatores relativamente independentes, que possuem cargas num superfator de ordem hierárquica superior.

As seis dimensões propostas, adaptadas de uma explanação de Gruenert (2003), são as seguintes:

- *Autoaceitação*: altos escores nessa dimensão indicam uma atitude favorável acerca da própria pessoa, bem como aceitação do passado e de boas e más características;
- *Relações positivas com outros*: grau em que o respondente apresenta-se sociável e é capaz de manter

relacionamentos próximos, satisfatórios e confiáveis com outros;
- *Autonomia*: grau de independência, resistência a pressões sociais, avaliação do desempenho pessoal e autorregulação individual;
- *Domínio ambiental*: medida em que o indivíduo controla seu ambiente, faz uso de oportunidades quando elas se apresentam e possui um repertório satisfatório de atividades externas;
- *Propósito de vida*: dimensão que caracteriza o grau em que se possui metas na vida e um senso de direção para suas ações, conferindo significado a seu passado e futuro;
- *Crescimento pessoal*: grau em que o indivíduo sente que se desenvolve continuamente na vida, é aberto para novas experiências e encontra-se em mudança para um estágio mais autoconsciente e efetivo.

A Figura 1 ilustra a relação entre as dimensões deste conceito.

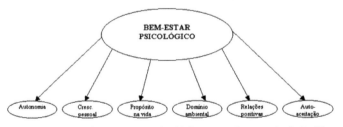

Figura 1. Fatores do bem-estar psicológico segundo a escala de Ryff (Gruenert, 2003)

A vantagem dessa noção de bem-estar psicológico, adotada neste capítulo, é que ela expande a abrangência do construto.

Segundo Ryff e Keyes (1995), a concepção de bem-estar psicológico é um construto da esfera dos afetos e da satisfação com a vida, deixando de lado aspectos importantes presentes em teorias de saúde e bem-estar.

Para medir o bem-estar psicológico, Ryff (1989) e Ryff e Keyes (1995) utilizam uma escala multidimensional com vinte itens para cada subescala, totalizando 120 itens. Cada subescala compõe-se de itens autodescritivos com afirmações referentes à respectiva dimensão conceitual, com as quais os respondentes deveriam concordar numa escala de seis pontos, variando de *"concordo fortemente"* a *"discordo fortemente"*. Embora existam versões mais breves, em que cada subescala é formada por catorze, nove ou três itens, evidentemente há algum custo em termos de confiabilidade.

PESQUISA EMPÍRICA

Após a descrição de alguns construtos cujas relações com a satisfação no relacionamento seriam investigadas por meio de um estudo empírico, é preciso situar o leitor sobre as condições em que ocorreu a pesquisa, que envolveu medidas de satisfação com o relacionamento do casal, satisfação com aspectos específicos da relação e bem-estar psicológico. Nas seções subsequentes, serão comentados separadamente os resultados obtidos sobre a satisfação e o bem-estar psicológico.

A amostra foi constituída por 342 estudantes universitários de uma instituição de Ensino Superior do estado de Santa Catarina, todos envolvidos em relacionamentos de namoro à época da pesquisa. Dentre os participantes, 179 (52%) eram mulheres e 163 eram homens. Os cursos universitários aos quais eram afiliados abrangiam Ciências Humanas, Exatas, Tecnológicas, Educacionais e Biológicas. O curso com o maior número de participantes foi o de Psicologia (18% do total), seguido pelo de Sistemas de Informação (11%). A idade dos participantes variou de dezoito a 35 anos, com idade média de aproximadamente 22 anos. 35% dos indivíduos estavam envolvidos em relacionamentos de namoro com duração de até um ano, enquanto 34% faziam parte de relações com duração entre um e três anos e 31% já namoravam há mais de três anos. O relacionamento mais longo entre os participantes teve duração de dezesseis anos e três meses.

Foram utilizadas três escalas para medir este fenômeno. Para medir a satisfação com aspectos específicos do relacionamento, foi empregada a EFS-RC, com a supressão de um item no fator "Satisfação com Afinidades de Interesses e Comportamentos", tal como proposto após a revalidação apresentada no capítulo 3.

Uma tradução da escala de satisfação criada por Rusbult (1983) foi a medida escolhida para avaliar a satisfação global com o relacionamento de casal. Trata-se de uma escala composta por três itens que versam sobre avaliações gerais sobre o parceiro e a relação. O formato de resposta adotado foi idêntico ao da EFS-RC. O índice alfa de Cronbach foi de 0,90, o que indica alta confiabilidade da medida.

Uma adaptação da escala de Ryff (2003), proposta por Gruenert (2003), constituiu a medida das dimensões de bem-estar psicológico. Cada dimensão foi mensurada por um conjunto de seis itens, representando uma solução de compromisso entre as versões das subescalas com vinte e com três itens: a medida que adotamos não é tão confiável como a versão longa da escala, mas em compensação é breve e sua aplicação é mais rápida; além disso, possui índices de confiabilidade superiores à versão com três itens. Neste estudo, os itens foram traduzidos do inglês para o português e foram calculados os índices de confiabilidade. As escalas "Crescimento pessoal" e "Relações positivas com os outros" obtiveram valores do alfa de Cronbach inferiores a 0,50 e, por esse motivo, foram desconsideradas na análise. Foram incluídas no estudo somente as dimensões "Propósito na vida", "Autonomia", "Autoaceitação" e "Domínio ambiental", que obtiveram índices alfa considerados razoáveis ou moderados: 0,58, 0,59, 0,64 e 0,68, respectivamente.

A aplicação dos questionários que continha as três medidas supracitadas ocorreu de forma coletiva e autoaplicável durante as aulas. Uma dupla de aplicadores treinados, com a permissão do professor responsável, supervisionou a coleta dos dados.

RELAÇÕES ENTRE BEM-ESTAR PSICOLÓGICO E SATISFAÇÃO NO NAMORO

As relações entre bem-estar psicológico e satisfação com o namoro foram inferidas por meio de uma análise de correlações entre as variáveis de bem-estar psicológico e a medida de satisfação global com o relacionamento, no caso, a escala de Rusbult. Todas as correlações entre satisfação e dimensões de bem-estar encontradas foram significativas estatisticamente pelo menos a um nível de significância de 0,05. A correlação "Autonomia" e "Satisfação" foi a mais baixa (0,11), a correlação com "Propósito na vida" foi 0,24 e com "Domínio ambiental" foi 0,27. A correlação de maior ordem foi a que envolveu "Autoaceitação": 0,33.

À exceção dos resultados referentes à dimensão "Autonomia", foram encontradas correlações de baixa magnitude entre satisfação com o namoro e três dimensões de bem-estar psicológico. Esses resultados, derivados de uma análise de correlações simples, não pretendem estabelecer um modelo de causalidade entre variáveis, mas sim de covariação, o que possibilita que se pense que o bem-estar psicológico pode ter impacto para que um namoro seja percebido como mais satisfatório e vice-versa (que um namoro satisfatório implique maiores índices de bem-estar psicológico). Da mesma forma, um menor bem-estar psicológico estaria em certo grau associado a menor satisfação com a relação amorosa.

Outros delineamentos metodológicos talvez sejam necessários para explicar relações mais significativas entre essas variáveis. Além disso, é aconselhável aprimorar as medidas das duas dimensões de bem-estar não contempladas no estudo. O conteúdo dos itens ligados a elas, sobre desenvolvimento pessoal e relações com o meio social, poderia estar relacionado à satisfação com relações amorosas, o que sugere que seriam encontradas correlações importantes. Infelizmente, a baixa confiabilidade dessas subescalas impediu que se tivesse acesso aos dados sobre essas dimensões.

Os resultados encontrados confirmam a hipótese de que a satisfação em um relacionamento de casal está ligada ao bem-estar psicológico individual, construto situado na esfera da saúde psicológica. Estar contente ou descontente com um namoro pode implicar, portanto, em uma contribuição de maior ou menor grau para como uma pessoa se sente psicologicamente, com repercussões distintas para dimensões também distintas, mas inter-relacionadas, de bem-estar.

Prevendo a satisfação com o namoro a partir de seus componentes

Foi efetuada uma análise de regressão com método *stepwise* para chegar a um modelo que permitisse prever a variável dependente satisfação com o relacionamento a partir dos valores das variáveis independentes nas duas escalas da EFS-RC, "Satisfação com Afinidades de Interesses e Comportamentos" e "Satisfação com Atração Física e Sexualidade". Assim, poderiam ser verificadas quais dessas variáveis seriam incluídas na equação de regressão que permitiria estimar a satisfação global com o namoro.

O modelo com as duas variáveis foi o que melhor explicou a variável dependente, pois explicou 46% da variância compartilhada com a satisfação ($R^2 = 0,460$). A variável "Satisfação com Interesses e Comportamentos" foi a que melhor explicou a variância da satisfação global com o namoro: 37%. E, portanto, o acréscimo da "Satisfação com Atração Física e Sexualidade" ao modelo acrescentou apenas 9% de variância compartilhada.

Os coeficientes beta obtidos foram 0,47 para o SAIC e 0,33 para o SAFS. As estatísticas t obtidas para ambos foram significativas (10,657 e 7,458, respectivamente), garantindo, assim, a inclusão das duas variáveis com seus multiplicadores no modelo.

Os resultados indicam que um modelo com as duas variáveis de satisfação com aspectos específicos do relacionamento é útil para prever a satisfação de uma pessoa em seu namoro. Na amostra estudada, destaca-se pelo poder explicativo a satisfação com as afinidades entre os companheiros, que mostrou ser melhor preditora quando se considera o modelo com as duas subescalas.

Dessa maneira, entendemos que foram reunidas evidências que confirmam o papel das variáveis de satisfação com aspectos específicos do comportamento, como são as subescalas componentes da EFS-RC, como variáveis de ordem hierárquica inferior no modelo de Fletcher *et al.* (2000). A hipótese levantada inicialmente de que elas seriam componentes da satisfação global com o relacionamento fornece mais suporte para adotar essa perspectiva.

Este estudo acrescenta, sobretudo, uma contribuição importante para complementar os dados sobre a validação da Escala Fatorial de Satisfação em Relacionamento de Casal (EFS-RC). Os resultados encontrados, embora certamente não sejam definitivos nem esgotem a investigação do instrumento, justificam o vínculo das subescalas da medida ao construto de satisfação global com o relacionamento de casal. Além disso, permitem vislumbrar uma relação existente entre a satisfação com o namoro e a dimensão do bem-estar psicológico, situada no domínio da saúde individual.

A seguir, estão reproduzidas as traduções das medidas utilizadas neste capítulo: a escala de satisfação com o relacionamento de Rusbult e a versão proposta por Gruenert das quatro escalas de bem-estar psicológico de Ryff.

Adaptação da medida de satisfação global no relacionamento (Rusbult, 1983)

Aplicação e análise: é uma medida breve autoadministrada, uma subescala de um instrumento mais amplo utilizado por Rusbult (1983) em seus estudos. Para cada um dos itens, o respondente deve indicar o respectivo grau de concordância, atribuindo-lhes valores de um ("discordo") a cinco ("concordo"). O escore da escala é calculado por meio da média aritmética dos dois fatores, sendo que os escores são calculados por meio de média aritmética simples dos valores dos itens.

1. Estou satisfeito com meu relacionamento.
2. Considero meu (minha) namorado(a) bonito(a).
3. Estou satisfeito(a) com meu relacionamento com meu (minha) companheiro(a).

ADAPTAÇÃO DA ESCALA DE BEM-ESTAR PSICOLÓGICO DE RYFF (GRUENERT, 2003)

Aplicação e análise: é uma medida autoadministrada; pode ser aplicada individual ou coletivamente. Para cada um dos itens, o respondente deve indicar o respectivo grau de concordância, atribuindo-lhes valores de um ("discordo fortemente") a cinco ("concordo fortemente"). A medida utilizada por Gruenert (2003), bem como a escala original, possui seis fatores; no entanto, apresentamos a seguir apenas os itens dos fatores que apresentaram índices de confiabilidade alfa de Cronbach superiores a 0,50. Os escores de cada fator são calculados por meio de média aritmética simples dos valores dos itens de cada fator, sendo que cada fator ou subescala é composto por seis itens. Os fatores, com os respectivos itens entre parênteses, são os seguintes: "Autonomia" (1, 5, 9, 13, 17 e 21), "Domínio ambiental" (2, 6, 10, 14, 18 e 22), "Propósito na vida" (3, 7, 11, 15, 19 e 23) e "Autoaceitação" (4, 8, 12, 16, 20 e 24). Os itens assinalados com asterisco devem ter seus *escores invertidos*.

1. Tenho tendência a ser influenciado por pessoas com opiniões fortes.*
2. Em geral, sinto que estou no controle da situação em que vivo.
3. Vivo a vida um dia de cada vez e não penso muito sobre o futuro.*

4. Quando olho para a história da minha vida, fico feliz com a forma como as coisas aconteceram.
5. Tenho confiança nas minhas próprias opiniões, mesmo se elas forem contrárias à opinião geral.
6. As exigências do dia a dia frequentemente me desencorajam.*
7. Algumas pessoas andam sem rumo pela vida, mas eu não sou uma delas.
8. Gosto da maioria dos aspectos da minha personalidade.
9. Julgo a mim mesmo pelo que acho que é importante, não pelos valores que outros acham que são importantes.
10. Sou muito bom em gerenciar as muitas responsabilidades do dia a dia.
11. Às vezes sinto que já fiz tudo que há para fazer na vida.*
12. De muitas maneiras, sinto-me desapontado com minhas realizações na vida.*
13. Minhas decisões não são geralmente influenciadas pelo que todos os outros estão fazendo.
14. Se eu estivesse infeliz com a situação da minha vida, eu tomaria medidas eficazes para mudá-la.
15. Sinto-me bem quando penso no que fiz no passado e no que espero fazer no futuro.
16. Sinto que muitas das pessoas que conheço conseguiram mais da vida que eu.*
17. Tenho tendência a me preocupar com o que as outras pessoas pensam de mim.*
18. Sou bom em manipular meu tempo de modo a conseguir encaixar nele tudo que precisa ser feito.
19. Não tenho uma boa noção do que estou tentando realizar na vida.*

20. O passado teve seus altos e baixos, mas, em geral, eu não o mudaria.
21. É difícil, para mim, expressar minha opinião em assuntos polêmicos.*
22. Tenho dificuldades para ajustar minha vida de maneira que seja satisfatória para mim.*
23. Gosto de fazer planos para o futuro e trabalhar para transformá-los em realidade.
24. Todos têm suas fraquezas, mas eu pareço ter mais que o comum.*

REFERÊNCIAS

Albuquerque, A. S., & Tróccoli, B. T. (2004). Desenvolvimento de uma escala de bem-estar subjetivo. *Psicologia: Teoria e Pesquisa, 20*(2), 153-164.

Bradburn, N. M. (1969). *The structure of psychological well-being.* Chicago: Aldine.

Cramer, D., & Donachie, M. (1999). Psychological health and change in closeness in platonic and romantic relationships. *Journal of Social Psychology, 139,* 762-767.

Diener, E. & Diener, M. (1995). Cross cultural correlates of life satisfaction and self esteem. *Journal of Personality and Social Psychology, 68,* 653-663.

Fletcher, G. J. O., Simpson, J. A., & Thomas, G. (2000). The measurement of perceived relationship quality components: A confirmatory factor analytic approach. *Personality and Social Psychology Bulletin, 26*(3), 340-354.

Gruenert, S. M. (2003). *Intimacy, fathers, best friends and the well-being of young adult males.* Tese de doutorado, Swinburne University of Technology, Hawthorne.

Kemper, T. D., & Bologh, R. W. (1981). What do you get when you fall in love? Some health status effects. *Sociology of Health and Illness, 3,* 72-88.

Neugarten, B. L., Havighurst, R., & Tobin, S. (1961). The measurement of life satisfaction. *Journal of Gerontology,* 16, 134-143.

Rusbult, C. E. (1983). A longitudinal test of the investment model: The development (and deterioration) of satisfaction and commitment in heterosexual involvements. *Journal of Personality and Social Psychology, 45,* 101-117.

Ryff, C. D. (1989). Happiness is everything, or is it? Explorations on the meaning of psychological well-being. *Journal of Personality and Social Psychology,* 57, 1069-1081.

Ryff, C. D., & Keyes, C. L. M. (1995). The structure of psychological well-being revisited. *Journal of Personality and Social Psychology*, *69*(4), 719-727.

Wachelke, J. F. R., Andrade, A. L. de, Cruz, R. M., Faggiani, R. B., & Natividade, J. C. (2004). Medida da satisfação em relacionamento de casal. *Psico-USF*, *9*(1), 11-18.

Watson, D., Clark, L. A., & Tellegen, A. (1988). Development and validation of brief measures of positive and negative affect: The PANAS scales. *Journal of Personality and Social Psychology*, 54, 1063-1070.

6. Comportamentos associados à utilização do preservativo masculino em relacionamentos amorosos

Samira Mafioletti Macarini e Gabriela Dal Forno Martins

Introdução

A transmissão do vírus HIV não está mais vinculada ao conceito de grupo de risco, uma vez que a transmissão pode ocorrer não só por meio da relação sexual, como também pela utilização de objetos perfurantes e da transfusão de sangue contaminado. O fato de possuir um parceiro fixo não representa uma estratégia efetiva de prevenção, visto que o conhecimento sobre as formas de transmissão do HIV e sobre o modo de utilização do preservativo não é suficiente para determinar atitudes efetivas de prevenção (Giacomozzi, 2004; Gasstmann, Martins, Macarini e Marques, 2004).

Este capítulo tem como objetivo principal descrever os resultados de uma pesquisa que caracterizou comportamentos presentes em relacionamentos amorosos, associando-os à utilização do preservativo. Metodologicamente, buscou-se a construção, aplicação e validação de uma escala visando a medir a percepção de comportamentos presentes em relacionamentos amorosos, além da coleta de dados referentes ao comportamento sexual dos participantes, os quais foram associados às respostas obtidas por meio da escala. A expectativa desta investigação é de contribuir na ampliação e no aprofundamento das informações sobre comportamentos de prevenção e precaução no âmbito das relações amorosas.

CONTRIBUIÇÕES TEÓRICAS SOBRE RELACIONAMENTOS AMOROSOS E SEUS COMPONENTES

Relacionamentos íntimos referem-se a um tipo particular de relacionamento interpessoal, de natureza amorosa e sexual e que apresenta um certo grau de estabilidade entre os parceiros (Wachelke, Andrade, Cruz, Faggiani & Natividade, 2004). Existem alguns fatores que, em maior ou menor grau, são responsáveis pelas preferências relacionais, os quais se podem situar: a) no plano individual: beleza física, inteligência e outros atributos pessoais, além de apreciações positivas do outro; b) no plano da relação: semelhanças interindividuais nas atitudes, opiniões, interesses (Rodrigues, 1996).

Vários estudos vêm sendo realizados com o intuito de caracterizar as relações íntimas. Alguns destacam as diferenças entre o simples gostar, o amar e a paixão. De acordo com Rubin (1973), o gostar comporta duas dimensões fundamentais: a afeição (gostar baseado na experiência do calor emocional e na proximidade à pessoa) e o respeito (gostar baseado na admiração pelas características ou ações do outro). Quanto aos componentes do amor, o autor identificou o precisar do outro, os cuidados para com ele e a presença da intimidade, envolvendo a confiança e a proximidade. Já a paixão é definida por Rodrigues (1996) como um estado de desejo intenso de união com o outro, podendo ter como um de seus componentes principais o desejo sexual.

Outros estudos preocupam-se em propor modelos de amor, ou seja, modelos globais das relações interpessoais íntimas (Rodrigues, 1996). Kelley (1983) propõe que se distingam três grandes modelos de amor: a) o amor passional, tendo como núcleo a necessidade do outro; b) o amor pragmático, tendo como componentes centrais a confiança e a tolerância; e c) o amor altruísta, que se caracteriza pela preocupação e pelo cuidado. Hatfield (1988), por sua vez, distinguiu dois tipos de amor: apaixonado e companheiro. O primeiro é descrito como um estado de intenso desejo de união com a outra pessoa, estando relacionado a uma variedade de emoções fortes – tanto positivas quanto negativas – que se podem apresentar de forma intercalada. Já o amor companheiro é caracterizado por um processo de aproximação entre os parceiros, explorando suas diferenças e semelhanças na maneira de pensar e agir. Também se verifica uma preocupação profunda e cuidado com o outro, bem como o conforto com relação à presença do outro.

Sternberg (1989), ao desenvolver a Teoria Triangular do Amor, propôs um modelo teórico de amor resultante da combinação de três componentes. O primeiro desses componentes corresponde à intimidade, caracterizada por sentimentos de proximidade que promovem o vínculo entre os parceiros, tais como o desejo de promover o bem-estar da pessoa amada, capacidade de contar com a pessoa amada nos momentos de necessidade, receber e prover apoio ao parceiro, entre outros. O segundo refere-se à paixão, a qual consiste em grande parte na expressão de desejos e necessidades, relacionadas à atração física e à sexualidade. A decisão e o compromisso, o último dos componentes, refere-se à decisão, a curto prazo, de amar o parceiro e, a longo prazo, em continuar o relacionamento. A combinação dos três componentes, segundo Sternberg (1989), pode resultar em diversos tipos de amor, dependendo da presença de cada componente, como, por exemplo, o gostar, o amor à primeira vista, o amor vazio, o romântico, o consumado etc.

Ainda com relação aos componentes do amor, Critelli, Myers e Loos (1986) propõem um modelo composto pela dependência romântica (crença em ideais românticos, com ênfase na importância do relacionamento, na necessidade do parceiro e na exclusividade do amor), pela intimidade comunicativa (sentimento de ser compreendido, sendo capaz de se comunicar e confiar no parceiro), pela excitação física (estar romântica e sexualmente excitado, bem como fisicamente atraído pelo parceiro), pelo respeito (admiração pelas características e ações da pessoa) e pela compatibilidade romântica (resultado da combinação de ideais românticos de ambos os parceiros).

Hassebrauck e Fehr (2002) examinaram quais seriam as dimensões da qualidade de um relacionamento íntimo por meio de uma análise fatorial, identificando quatro fatores principais: intimidade, concordância, independência e sexualidade. De acordo com esses autores, a satisfação no relacionamento depende desses quatro fatores, sendo que a intimidade é o que mais contribui para isto. Além disso, esses quatro fatores estão correlacionados com outros construtos relevantes e em íntima relação com compromisso, confiança, amor, gostar etc. Hernandez e Oliveira (2003), buscando relacionar os componentes do amor propostos por Critelli *et al.* (1986) com a satisfação no relacionamento, também concluíram que a intimidade comunicativa parece ser o preditor mais importante de satisfação, tanto para homens quanto para mulheres.

Para Siqueira (2001), as relações humanas podem ser classificadas de acordo com o grau de intimidade, e os comportamentos aparecem conforme o tipo de relação instituída. A autora, investigando as representações sociais de relações íntimas no contexto da AIDS em jovens estudantes do Ensino Médio, verificou a existência de uma associação entre relações íntimas e comunicação, visto que para os jovens a intimidade deve ser compreendida no sentido de tradução de um sentimento de proximidade, de vínculo com o outro, sendo o componente emocional do comportamento que envolve o compartilhamento de sentimentos.

O USO DE PRESERVATIVOS EM RELACIONAMENTOS AMOROSOS

Há uma infinidade de variações nas relações íntimas, e a sua relação com o uso do preservativo na prática amorosa dos casais ainda não está suficientemente compreendida. A disseminação do HIV e de outras doenças sexualmente transmissíveis está cada vez mais rápida e abrangente no que diz respeito à idade e ao sexo. Segundo pesquisa realizada pelo Instituto Brasileiro de Opinião Pública e Estatística (IBOPE, 2003), o uso de preservativos com parceiros eventuais cresceu de 64%, em 1998, para 79,5%, em 2003. Além disso, a pesquisa mostra que o uso de preservativos é maior nas relações eventuais do que nas fixas, sendo verificado que a confiança, a fidelidade, a estabilidade de uma relação e o uso de anticoncepcionais são alguns dos fatores responsáveis pelo não uso da camisinha. Dessa forma, verifica-se uma necessidade de compreender as relações íntimas e relacioná-las aos comportamentos sexuais preventivos do casal.

Resultados semelhantes foram encontrados por Gasstmann, Macarini, Martins e Marques (2004), que sugerem que o principal motivo para o não uso da camisinha entre universitários, tanto da área da Saúde como da área das Humanas, era ter relações sexuais com parceiro fixo (67%). Outros estudos têm constatado que, apesar do alto nível de conhecimento dos jovens universitários sobre a AIDS e o uso do preservativo, quando se está inserido em um relacionamento fixo, esse saber não tem sido suficiente para determinar um comportamento preventivo efetivo (Pirotta & Schor, 2004; Siqueira, 2001).

Um outro aspecto presente nos relacionamentos fixos apontado por Pirotta e Schor (2004) refere-se à gradativa substituição da camisinha pela pílula anticoncepcional. Gasstmann *et al.* (2004) também encontraram como um fator importante para o não uso da camisinha a utilização de outros métodos contraceptivos. Ambos os resultados fornecem indícios de que há uma maior preocupação entre os jovens universitários com a prevenção de uma gravidez não desejada, abandonando assim um método que proteja contra as Doenças Sexualmente Transmissíveis (DST).

Estudos têm demonstrado que os fatores que influenciam na decisão de proteger-se ou não no momento da relação sexual dependem das características do relacionamento em que os parceiros estão inseridos (Winifred, Kuyper & Gwen, 2003). Sadava e Bogaert (2002), bem como Giacomozzi (2004), estudaram as relações entre os processos de vínculo dos casais e a sexualidade, procurando, dessa forma, discutir e entender mais amplamente essas questões. Ambos os estudos concluíram que quanto maior é o vínculo seguro entre os parceiros, menor a preocupação com o uso de preservativo no momento da relação sexual.

Sadava e Bogaert (2002), utilizando um instrumento de medidas de vínculo no relacionamento, de autoconceito quanto à atratividade física e de outros comportamentos sexuais, investigaram junto a adultos jovens de ambos os sexos possíveis relações entre essas variáveis. Os autores verificaram, principalmente entre as mulheres, uma associação significativa entre altos escores de vínculo inseguro e maiores precauções sexuais, como, por exemplo, o uso da camisinha.

Giacomozzi (2004), por sua vez, investigou os aspectos interacionais da epidemia de AIDS no âmbito da intimidade e das consequências da confiança existente no espaço privado dos lares sob o ponto de vista das mulheres com e sem parceiro fixo. Entre os principais resultados encontrados, está o fato de que, no grupo de mulheres com relacionamentos fixos, o risco de infecção por DST se inicia quando a relação de intimidade e confiança se estabelece. Dados coletados a partir de entrevistas indicam que as mulheres se tornam mais vulneráveis após o estabelecimento de vínculos afetivos, o que sugere que esse aspecto altera de certa forma as estratégias de prevenção desse grupo.

Giacomozzi (2004) verificou que, entre as mulheres sem relacionamento fixo, as representações sociais da prevenção da AIDS estão de acordo com suas práticas de prevenção: não se sentem totalmente prevenidas e têm medo de contrair a doença, utilizam quase sempre o preservativo em suas relações sexuais, embora já tenham falhado em ao menos uma vez ao longo de sua vida sexual.

CONSTRUÇÃO E VALIDAÇÃO DA ESCALA FATORIAL DE PERCEPÇÃO DE COMPORTAMENTOS PRESENTES EM RELACIONAMENTOS AMOROSOS (EFPC-RA)

Após uma análise da literatura referente à caracterização dos comportamentos presentes em relacionamentos amorosos (Hassebrauck & Fehr, 2002; Hernandez & Oliveira, 2003; Kelley, 1983; Rodrigues, 1996; Sternberg, 1989; Wachelke *et al.*, 2004), iniciou-se a construção de um conjunto de frases na forma de comportamentos que tivessem validade de conteúdo. No total, foram construídas 31 frases, apresentadas a um pesquisador de psicometria, para que fosse avaliada a pertinência de cada um dos itens ao construto comportamentos presentes em relacionamentos amorosos.

Os 31 itens foram dispostos de forma aleatória em um folheto com instruções apropriadas para autoadministração. Foi utilizada uma escala de frequência de seis pontos: 1 ("sempre"), 2 ("quase sempre"), 3 ("frequentemente"), 4 ("ocasionalmente"), 5 ("raramente") e 6 ("nunca"). Além disso, foram acrescentadas questões relacionadas aos comportamentos sexuais preventivos do casal, tais como proteção contra gravidez e DSTs e a frequência de utilização do preservativo. Por fim, acrescentaram-se, na página inicial, perguntas referentes a sexo, idade, curso, estado civil, renda pessoal e tempo de duração do relacionamento.

A etapa de validação do instrumento constituiu-se de dois momentos, envolvendo a aplicação do instrumento e a sua validação. Num primeiro momento, o instrumento foi aplicado em uma amostra de 118 estudantes que estavam em relacionamentos fixos (namoros ou casamentos) por no mínimo seis meses. A aplicação ocorreu em diversos locais de um *campus* universitário de uma universidade pública da região Sul do Brasil, abrangendo, dessa forma, uma amostra bastante diversificada (26 cursos de graduação dessa universidade). A aplicação ocorreu individualmente, sendo sempre acompanhada por um aplicador, caso houvesse alguma dúvida a ser esclarecida.

Dos 118 participantes, 50,8% eram do sexo feminino. A idade variava entre dezoito e 49 anos, com média de 24 anos. Quanto ao estado civil da amostra, 77,3% eram solteiros e 13,4% eram casados. O tempo de duração dos relacionamentos variava entre seis meses e vinte anos, sendo que o tempo médio da relação era de três anos.

Para a validação da escala, utilizou-se nesta etapa o cálculo de confiabilidade da escala (alfa de Cronbach), obtendo-se um índice de confiabilidade satisfatório de 0,82.

Posteriormente, visando à realização de uma análise dos componentes principais seguida de análise fatorial, optou-se pela ampliação da amostra, de forma que esta se tornasse mais abrangente e diversificada quanto à idade, ao estado civil e ao tempo de duração do relacionamento. O questionário foi, dessa forma, aplicado em outros locais além da universidade, bem como em diferentes cidades, totalizando duzentos respondentes.

Quanto ao sexo dos participantes, a amostra manteve-se igualmente dividida (52,3%, do sexo feminino). A idade média aumentou de 24 para 25,3 anos, sendo a idade mínima de dezessete e a máxima, de 53. A porcentagem de casados subiu de 13,4% para 22%, e a de solteiros declinou de 77,3% para 69,5%. O tempo de relacionamento variou de seis meses a trinta anos, subindo a média de três anos para 4,5 anos.

Antes da realização da análise dos componentes principais e da análise fatorial, novamente foram calculados os índices de confiabilidade da escala. Esses índices mantiveram-se satisfatórios (a = 0,81). A análise de componentes principais sugeriu a existência de três fatores que explicavam 30% da variância. Procedeu-se à extração deles com rotação *promax*. Foram considerados apenas os itens com cargas fatoriais iguais ou superiores a 0,3 e aqueles que se vincularam a somente um fator. Os três fatores resultantes da análise fatorial receberam a seguinte nomeação, de acordo com o conteúdo dos itens que os compõem: "Compromisso e intimidade", 7 itens, a = 0,73; "Comportamentos de cuidado", 9 itens, a = 0,72, e "Dependência romântica", 5 itens, a = 0,58.

O fator 1, denominado "Compromisso e intimidade", é caracterizado por comportamentos referentes à estabilidade no relacionamento (rompimentos inexistentes ou pouco frequentes e compromisso em manter o relacionamento), bem como pela sintonia e proximidade entre o casal (opiniões e expectativas compatíveis em relação ao parceiro e ao futuro do relacionamento, assim como se sentir à vontade na presença do outro). O fator 2, denominado "Comportamentos de cuidado", é composto por itens relacionados à disponibilidade e ao esforço de um parceiro em relação ao outro nos mais variados aspectos, tais como dar apoio, ouvir a opinião, compreender os problemas etc. Além disso, o mesmo fator abarca o sentimento de segurança e de abertura para o diálogo, que refletem o efeito da presença dos comportamentos de cuidado emitidos pelos parceiros.

A dimensão "Dependência romântica" engloba itens que envolvem tanto comportamentos como sentimentos resultantes da crença em ideais românticos, com ênfase na importância do relacionamento, no quanto o parceiro é necessário e na exclusividade do amor, estando a felicidade do indivíduo condicionada à dependência do relacionamento com o parceiro (Critelli *et al.*,

1986). Como exemplo, podem ser citados os sentimentos de posse, ciúme e desconfiança e os comportamentos de provocação de ciúme e briga com o parceiro.

Tabela 6.1 – Descrição dos itens e fatores da Escala Fatorial de Percepção de Comportamentos presentes em Relacionamentos Amorosos (EFPC-RA)

Fator	Itens
Compromisso e intimidade (a = 0,73)	Comprometer-se em manter o relacionamento.
	Evitar romper o relacionamento.
	Sentir-se à vontade na presença do outro.
	Poder contar com a pessoa amada nos momentos de necessidade.
	Não romper o relacionamento.
	Ter opiniões semelhantes às do parceiro sobre assuntos referentes ao relacionamento.
	Ter expectativas compatíveis com as do parceiro em relação ao futuro.
Comporta-mentos de cuidado (a = 0,72)	Despender tempo suficiente para o relacionamento.
	Dar apoio ao parceiro quando estiver triste, preocupado, angustiado.
	Sentir-se seguro no relacionamento.
	Ouvir a opinião do parceiro, ainda que não concorde com ela.
	Compreender os problemas do outro, colocando-se em seu lugar.
	Desejar promover o bem-estar da pessoa amada.
	Empenhar-se em fazer com que o relacionamento dê certo.
	Sentir-se à vontade para conversar sobre os mais variados assuntos.
	Manter entonação de voz tranquila durante brigas e discussões.

Dependência romântica (a = **0,58**)	Sentir-se "dono" do parceiro.
	Sentir ciúmes do parceiro.
	Não confiar no parceiro.
	Provocar ciúme no parceiro.
	Brigar com o parceiro.

COMPORTAMENTOS SEXUAIS PREVENTIVOS DOS PARTICIPANTES

O inventário sobre os comportamentos sexuais dos respondentes revelou que apenas sete (3,5%) deles não haviam tido relação sexual com seu parceiro. Os resultados abaixo são referentes aos participantes que já haviam tido relação sexual (96,5%):

- *Métodos contraceptivos mais utilizados*:
  - 30,6% utilizam pílula anticoncepcional associada à camisinha;
  - 27,5% utilizam somente pílula anticoncepcional;
  - 17% utilizam DIU, coito interrompido, tabelinha e outros métodos, combinados ou não;
  - 16% utilizam somente camisinha;
  - 8,9% utilizam DIU, coito interrompido e tabelinha combinados com a camisinha.
- *Proteção contra DST*:
  - 59% afirmam proteger-se contra DST utilizando o preservativo masculino;
  - 41% afirmam não se proteger contra DST.
- *Frequência de uso do preservativo entre os participantes que afirmam utilizá-lo:*

- ○ 37,8% utilizam o preservativo em todas as relações sexuais;
- ○ 25,2% utilizam em quase todas as relações sexuais;
- ○ 9% utilizam em mais da metade das relações sexuais;
- ○ 18% utilizam em menos da metade;
- ○ 10% utilizam em quase nenhuma relação sexual.

CORRELAÇÕES ENTRE OS FATORES DA ESCALA FATORIAL DE PERCEPÇÃO DE COMPORTAMENTOS PRESENTES EM RELACIONAMENTOS AMOROSOS E A FREQUÊNCIA DE UTILIZAÇÃO DO PRESERVATIVO

Assim como se atribuiu um valor para cada ponto da Escala Fatorial de Percepção de Comportamentos Presentes em Relacionamentos Amorosos (EFPC-RA) – de 1, "sempre", a 6, "nunca" –, também foram atribuídos valores à escala de frequência de uso do preservativo: 1 ("Em todas as relações sexuais"), 2 ("Em quase todas as relações"), 3 ("Em mais da metade das relações"), 4 ("Em menos da metade das relações"), 5 ("Em quase nenhuma relação") e 6 ("Em nenhuma relação"). Dessa forma, pôde-se realizar o cálculo de correlação entre as variáveis.

Verificou-se que o fator "Compromisso e intimidade" correlacionou-se negativamente com a frequência de utilização do preservativo ($r = -0,14$; $p < 0,05$), o que significa que quanto maior a percepção de comportamentos que revelam compromisso e intimidade no relacionamento, menor o uso do preservativo.

DIMENSÕES OBTIDAS POR MEIO DA **EFPC-RA** E OUTROS ESTUDOS QUE CARACTERIZAM RELACIONAMENTOS AMOROSOS

Quanto à construção e validação da EFPC-RA, verificou-se a existência de três fatores. Os índices de confiabilidade obtidos nos fatores "Compromisso e intimidade" e "Comportamentos de cuidado" foram bastante satisfatórios, no entanto o índice obtido no fator "Dependência Romântica" está abaixo do esperado de acordo com a literatura. Ainda assim, é possível concluir que a escala, apesar da necessidade de ser aprimorada em função deste último índice não se mostrar suficientemente satisfatório, preenche uma lacuna, por ser uma medida importante e ainda não utilizada.

O fator "Compromisso e intimidade" abrange itens que descrevem comportamentos que caracterizam tanto a estabilidade do relacionamento quanto a sintonia entre o casal. Assim, aproxima- -se do núcleo do modelo de amor pragmático proposto por Kelley (1983), que se constitui no amor do dia a dia e é baseado na tolerância. Outros autores também destacaram a intimidade como um importante componente do amor (Critelli *et al.*, 1986; Hernandez & Oliveira, 2003; Rubin, 1973), no entanto todos incluem a confiança nessa dimensão, que não foi verificada no fator "Compromisso e intimidade" da EFPCA-RA. Ao mesmo tempo, esses autores não verificaram o compromisso como relacionado à intimidade, relação encontrada nesta pesquisa.

O componente do amor que mais se aproximou do fator em questão foi o proposto por Sternberg (1989), denominado "Decisão e compromisso". Este engloba tanto comportamentos de amor ao outro a curto prazo (os quais se aproximam dos comportamentos de intimidade do fator em questão) quanto, a longo prazo, o compromisso em manter esse amor. O mesmo autor, no entanto, afirma que a intimidade pode ou não estar presente no compromisso, mas que este é o componente que em última instância mantém a relação. Na EFPC-RA, as dimensões compromisso e intimidade aparecem intrincadas, o que fornece indícios de que uma contribui para o aumento da outra no relacionamento. Segundo Janz (2000), é preciso tempo para que a intimidade se constitua em um relacionamento, sendo que, para isso, também é preciso a presença do compromisso entre os parceiros.

O segundo fator encontrado nesta pesquisa, denominado "Comportamentos de cuidado", engloba itens referentes à disponibilidade e ao esforço de um parceiro em cuidar do outro. Tal dimensão também foi citada por alguns autores como uma característica importante nos relacionamentos amorosos. Para Hatfield (1988, p. 178), tais cuidados encontram-se dentro de um tipo de amor que denominou de "amor companheiro", que compreende também outras características, como a exploração de semelhanças e diferenças no parceiro, o desejo de revelar-se ao outro e o conforto com relação à proximidade física. Kelley (1983), por sua vez, coloca que a preocupação e o cuidado com o outro constituem o núcleo do chamado amor pragmático. Um outro autor relaciona alguns comportamentos de cuidado – desejar promover bem-estar da pessoa amada, respeitar o parceiro, prover-lhe apoio, entre outros – como pertencentes à dimensão da intimidade, que engloba também outros aspectos que promovem o vínculo entre os membros do casal (Sternberg, 1989).

Diferente dos estudos citados anteriormente, esta pesquisa verificou que os comportamentos de cuidado não correspondem apenas a uma característica dos relacionamentos amorosos, mas a uma dimensão maior desses relacionamentos. Assim, aproxima-se do estudo realizado por Rubin (1973), que sugere que os cuidados para com o parceiro correspondem a um dos principais componentes do amor. A importância dessa classe de comportamentos pode estar relacionada ao fato de que sua presença no relacionamento possibilita o aparecimento e a manutenção de outras características, como a intimidade, o compromisso e o respeito.

O terceiro fator encontrado, a "Dependência romântica", é descrito por Kelley (1983) como núcleo do amor passional. Segundo o autor, esta dimensão está relacionada à paixão, e é caracterizada por sentimentos fortes e intensos, emoções misturadas, com a presença de preocupações e pensamentos sobre traição do parceiro. A Dependência romântica também aparece na escala dos componentes do amor de Critelli *et al.* (1986), sendo descrita como uma crença em ideais românticos com ênfase na importância do relacionamento, na necessidade do parceiro e na exclusividade do amor. Tal dimensão está relacionada à concepção de amor romântico de Rubin (1973): necessidades afiliativas e de dependência, predisposição à ajuda e exclusividade e absorção pelo parceiro.

COMPORTAMENTOS SEXUAIS E OS RELACIONAMENTOS AMOROSOS DISCUTIDOS A PARTIR DA LITERATURA EXISTENTE

Com relação à prevenção da gravidez, os resultados revelaram que boa parte dos respondentes (30,6%) utiliza para este fim a pílula anticoncepcional associada ao preservativo masculino. Esse resultado, segundo a literatura, é coerente com o tempo de relacionamento dos participantes, já que grande parte deles

(50%) estava em um relacionamento amoroso de até dois anos e seis meses. Gasstmann *et al.* (2004), Giacomozzi (2004), Pirotta e Schor (2004) destacam que, inicialmente, os casais tendem a utilizar os dois métodos e, gradativamente, optam por utilizar somente a pílula ou outro método que não seja o preservativo. Isso pode ser verificado nesta pesquisa, visto que outros 44,5% dos respondentes afirmaram utilizar somente a pílula ou outro método contraceptivo, como o DIU, o coito interrompido ou a tabelinha.

Quando perguntados a respeito da existência de proteção contra DST no relacionamento e quanto ao método utilizado para este fim, verificou-se que 111 participantes (59%) afirmaram proteger-se, utilizando o preservativo masculino. No entanto, 69% dos que fizeram esta última afirmação deixaram de usá-lo em pelo menos uma relação sexual. Sabe-se que quando isso acontece, a proteção é colocada em risco. A partir disso, os motivos que levaram os participantes a afirmarem que se protegem foram questionados, constatando-se uma possível falha na formulação e na disposição das questões do instrumento. Somado a isso, a dificuldade em relatar experiências íntimas, mesmo por meio de questionário autoaplicado, pode ter influenciado as respostas dadas pelos participantes. Essa limitação também é citada por outros autores que estudam os comportamentos sexuais nas relações íntimas (Silveira, Beria, Horta, & Tomasi, 2002; Siqueira, 2001).

A principal limitação encontrada no instrumento foi a restrição das alternativas que dizem respeito à forma de proteção, limitadas ao uso do preservativo masculino, do feminino ou de ambos. A falha foi percebida em função de um número expressivo de respondentes terem afirmado que se protegem por meio de outras formas (escritas por extenso) que não o uso de preservativos, tais como teste regular para detecção da AIDS e a confiança no parceiro. Esses respondentes foram excluídos do grupo que se protege.

Esses resultados levaram a um questionamento a respeito do sentimento de proteção existente entre os casais. Percebe-se que, em um relacionamento, outros fatores, além da utilização do preservativo entre os parceiros, contribuem para criar a ideia de proteção. Silva (2002) verificou algumas razões pelas quais homens consideram-se protegidos contra DST em seu relaciona-mento fixo. Uma delas refere-se ao uso obrigatório da camisinha nas relações extraconjugais, isso porque a evidência do perigo está fora de casa e não pode ser transferida para dentro.

O conhecimento sobre a AIDS demonstrado pelos par-ticipantes durante as entrevistas pareceu representar também uma forma de proteção promovida pela mídia. Outro fator está relacionado ao sentimento de proteção advindo da não necessi-dade de manter relações sexuais com outras mulheres além da parceira fixa. Os resultados ainda apontaram para a existência de um pensamento "mágico" que entende o evento "conhecer a pessoa" como um método de prevenção. Já entre as mulheres com parceiro fixo investigadas por Giacomozzi (2004), a certeza de que seus maridos não mantêm relações extraconjugais basta para que elas se sintam protegidas.

A camisinha, portanto, aparece apenas como um dos meios para proteção entre os casais e, como se percebeu, ainda é pouco utilizada para fins de prevenção. Mas quais comporta-mentos existentes em um relacionamento estariam relacionados à decisão pela sua utilização? Verificou-se nesta pesquisa que as características de um relacionamento associadas a uma menor utilização do preservativo são os comportamentos que revelam compromisso e intimidade. Esse resultado está de acordo com

Sadava e Bogaert (2002) e Giacomozzi (2004), que constataram que quanto maior é o vínculo seguro (referente à intimidade e ao compromisso no relacionamento), menor é a preocupação com o uso do preservativo. Giacomozzi (2004) discute esta questão afirmando a existência de uma lógica de prevenção baseada na manutenção da fidelidade, tanto da mulher quanto do homem. Os relacionamentos fixos das mulheres participantes de sua pesquisa caracterizavam-se pela presença de companheirismo, amor, fidelidade e confiança em seus parceiros e um desejo de manter ou aprimorar cada vez mais tais características da relação. Portanto, a presença de compromisso e intimidade mostra-se como um fator decisivo com relação à não utilização do preservativo por parte dos casais como forma de prevenção, uma vez que a solicitação por utilizá-lo pode ser motivo de "quebra" na estabilidade do casal. Segundo Silva (2002), quando o casal já utiliza algum método contraceptivo, a proposta de adotar a camisinha poderia sugerir uma "traição", gerando desconfiança e estranhamento.

Considerações finais

Este capítulo apresentou os resultados de um estudo que, em função de seu objetivo, envolveu tanto a construção de um instrumento que caracterizasse a percepção de comportamentos em relacionamentos amorosos quanto a coleta de dados referentes aos comportamentos sexuais de casais. Os resultados obtidos nas duas etapas foram considerados bastante relevantes. Com relação à escala construída, verifica-se que esta se caracteriza como um instrumento útil para fins de pesquisa, bem como para contextos clínicos envolvendo casais. Isso demonstra a importância da construção de novas escalas que reproduzam o momento histórico atual, visando a atualizar o conhecimento, podendo, assim, ser útil tanto para a comunidade acadêmica quanto para os psicólogos.

O fato de possuir um parceiro fixo nunca representou uma estratégia efetiva de prevenção às DST; portanto, o uso da camisinha deveria ser reforçado também entre os casais. No entanto, como foi constatado neste estudo, o estabelecimento de compromisso e intimidade nos relacionamentos contribui para uma maior tendência à não utilização do preservativo. Este, quando é utilizado, geralmente possui fins contraceptivos e não preventivos, uma vez que, quando solicitado, visando à proteção contra doenças, pode gerar desconfiança entre os parceiros.

Diante disso, sugere-se que campanhas ou trabalhos mais pontuais de aconselhamento trabalhem a introdução da camisinha enfatizando inicialmente a contracepção. Conforme Silva (2002), essa estratégia é melhor, uma vez que a contracepção é uma realidade mais próxima e se apresenta como uma necessidade mais concreta na vida das pessoas. Dessa forma, a prevenção às DST seria realizada indiretamente, evitando um possível estranhamento entre os parceiros, advindo da ideia da quebra do compromisso e da intimidade. Com relação aos relacionamentos amorosos que ainda estão por vir, pode-se pensar em trabalhos que visem a enfatizar o uso da camisinha como uma prática de saúde ou um comportamento necessário desde a primeira relação sexual, evitando assim a associação do uso desta a sentimentos de desconfiança.

Escala fatorial de percepção de comportamentos presentes em relacionamentos amorosos (EFPC-RA)

Aplicação e análise: a escala é uma medida autoadministrada, podendo ser aplicada de forma individual ou coletiva. Não há restrições quanto ao sexo dos respondentes nem quanto à idade. No entanto, como se trata de uma medida de percepção de comportamentos em relacionamentos amorosos, deve apenas ser aplicada a pessoas que estejam em um relacionamento de, no mínimo, seis meses, de forma que o relacionamento possa ser considerado fixo. Para cada um dos itens, o respondente deve indicar a respectiva frequência com que os comportamentos ocorrem em seu relacionamento, atribuindo-lhes valores de um ("sempre ocorre") a seis ("nunca ocorre"). É importante enfatizar, antes da aplicação, que eles devem avaliar com que frequência os comportamentos apresentados em forma de itens ocorrem em seu relacionamento e não com que frequência o próprio respondente emite tais comportamentos.

A EFPC-RA é composta por três fatores que correspondem a conjuntos de comportamentos que caracterizam aspectos dos relacionamentos amorosos. Os escores de cada fator são calculados por meio de média aritmética simples dos valores dos itens de cada fator. Os fatores, com os respectivos números dos itens entre parênteses, são os seguintes: "Compromisso e intimidade" (4, 5, 9, 17, 18, 20 e 21), "Comportamentos de cuidado" (1, 2, 8, 10, 12, 13, 14, 15, 16) e "Dependência romântica" (3, 6, 7, 11, 19). Itens assinalados com asterisco devem ter seus escores revertidos.

1. Desejar promover bem-estar da pessoa amada.
2. Manter entonação de voz tranquila durante brigas e discussões.
3. Brigar com o parceiro.
4. Ter expectativas compatíveis com as do parceiro em relação ao futuro.
5. Poder contar com a pessoa amada nos momentos de necessidade.
6. Sentir ciúmes do parceiro.
7. Confiar no parceiro.*
8. Dar apoio ao parceiro quando este estiver triste, preocupado, angustiado.
9. Romper o relacionamento.*
10. Empenhar-se em fazer com que o relacionamento dê certo.
11. Provocar ciúme no parceiro.
12. Sentir-se à vontade para conversar sobre os mais variados assuntos.
13. Ouvir a opinião do parceiro, ainda que não concorde com ela.
14. Sentir-se seguro no relacionamento.
15. Compreender os problemas do outro, colocando-se em seu lugar.
16. Despender tempo suficiente para o relacionamento.
17. Sentir-se à vontade na presença do outro.
18. Evitar romper o relacionamento.
19. Sentir-se "dono" do parceiro.
20. Comprometer-se em manter o relacionamento.
21. Ter opiniões semelhantes às do parceiro sobre assuntos referentes ao relacionamento.

Referências

Critelli, J. W., Myers, E. J., & Loos, V. E. (1986). The components of love: romantic attration and sex role orientation. *Journal of Personality*, *54*(2), 355-370.

Gasstmann, C., Macarini, S. M., Martins, G. D. F., & Marques, B. N. (2004). Camisinha: motivos que influenciam o seu uso ou não entre estudantes de História, Ciências Sociais, Medicina e Odontologia da UFSC. In *Anais da 5ª SEPEX* (p. 95). Florianópolis, Universidade Federal de Santa Catarina.

Giacomozzi, A. I. (2004). *Confiança no parceiro e proteção frente ao HIV: estudo de representações sociais*. Dissertação de Mestrado, Universidade Federal de Santa Catarina, Florianópolis.

Hassebrauck, M., & Fehr, B. (2002). Dimensions of relationship quality. *Personal Relationships*, *9*(3), 253-270.

Hatfield, E. (1988). Passionate and compassionate love. In R. J. Sternberg & M. L. Barnes (Orgs.), *The psychology of love* (pp. 191-217). New Haven: Yale University Press.

Hernandez, J. A. E., & Oliveira, I. M. B. de. (2003). Os componentes do amor e a satisfação. *Psicologia Ciência e Profissão*, *23*(1), 58-69.

Instituto Brasileiro de Opinião Pública e Estatística. (2003). *Pesquisa com a população sexualmente ativa*. Programa Nacional de DST/ Aids. Recuperado em 12 de fevereiro de 2011, de http://www.aids. gov.br/final/biblioteca/ibope_2003/ibope_2003.htm

Janz, T. (2000). *The evolution and diversity of relationships in Canadian families*. Recuperado em 12 de fevereiro de 2011, de http://dsp-psd. pwgsc.gc.ca/collection_2008/lcc-cdc/JL2-69-2000E.pdf

Kelley, H. H. (1983). Love and commitment. In H. H. Kelley, E. Berscheid, A. Christensen, J. H. Harvey, T. L. Huston, G. Levenger, *et al.* (Eds.), *Close relationships* (pp. 265-314). New York: W. H. Freeman & Co.

Pirotta, K. C. M., & Schor, N. (2004). Intenções reprodutivas e práticas da regulação da fecundidade entre universitários. *Revista de Saúde Pública*, *38*(4), 495-502.

Rodrigues, V. A. (1996). Atracção interpessoal, sexualidade e relações íntimas. In J. Vala & M. B. Monteiro (Orgs.), *Psicologia social* (pp. 113-139). Lisboa: Fundação Calouste Gulbenkian.

Rubin, Z. (1973). *Liking and loving: an invitation to Social Psychology.* New York: Holt, Rinehart and Winston.

Sadava, S. & Bogaert, F. A. (2002). Adult attachment and sexual behavior. *Personal Relatioships, 9*(2), 191-204.

Silva, C. G. M. (2002). O significado de fidelidade e as estratégias para a prevenção da Aids entre homens casados. *Revista de Saúde Pública, 36*(4), 40-49.

Silveira, M. F., Beria, J. U., Horta, B. L., & Tomasi, E. (2002). Autopercepção de vulnerabilidade às doenças sexualmente transmissíveis e Aids em mulheres. *Revista de Saúde Pública, 36*(6), 670-677.

Siqueira, R. M. O. (2001). *Representações sociais de jovens estudantes do ensino médio em Itajaí/SC, sobre relações íntimas no contexto da Aids.* Dissertação de mestrado, Universidade Federal de Santa Catarina, Florianópolis.

Sternberg, R. J. (1989). *El triangulo del amor: intimidad, pássion y compromisso.* Barcelona: Paidós.

Wachelke, J. F. R., Andrade, A. L. de, Cruz, R. M., Faggiani, R. B., & Natividade, J. C. (2004). Medida de satisfação em relacionamento de casal. *Psico-USF, 9*(1), 11-18.

Winifred, A., Kuyper, L., & Gwen, G. (2003). Need for intimacy in relationships and motives for sex as determinants of adolescent condom use. *Journal of Adolescent Health, 33*(3), 154-164.

7. Satisfação sexual feminina em relações amorosas

Raquel Bohn Bertoldo, Juliana de Souza, Roberto Moraes Cruz

Este capítulo discorre acerca de aspectos relacionados à satisfação sexual feminina em relacionamentos amorosos. Para isso, apresenta-se uma breve discussão teórica sobre sexualidade e sexualidade feminina nas relações conjugais, além de uma pesquisa referente à construção de uma medida de satisfação sexual com estudantes universitárias.

Sexualidade e relacionamento conjugal

As relações conjugais sofrem diretamente influências históricas, sociais e culturais. Dessa forma, percebe-se que o casamento tal qual o conhecemos hoje, baseado no amor romântico, na escolha do parceiro e na vivência de uma sexualidade prazerosa, surgiu como ideal burguês no século XVIII. Desde a Antiguidade, as relações passionais eram vividas em relações extraconjugais, de modo que a reserva quanto ao sentimento pela esposa era regra moral (Araújo, 2002). Ariès demonstra tal reserva ao citar um tratado sobre o casamento formulado por Sêneca:

É escandaloso amor demasiado pela sua própria mulher (amor demasiado é justamente o amor sem reserva, a paixão que os amantes experimentam fora do casamento). Um homem sábio deve saber amar a sua mulher com discernimento e não com paixão, e, consequentemente, controlar seus desejos e não se deixar levar à copulação. Nada é mais imundo que amar a sua mulher como uma amante... que se apresentem à sua esposa não como amantes, e sim como maridos. (1987, p. 157)

É clara a distinção não só em relação ao afeto, mas em relação à sexualidade, já que o casamento tinha como finalidade única a reprodução; isto é, o prazer na relação sexual ficava restrito a relações de adultério. Desse modo, o casamento não implicava a construção de um relacionamento amoroso, mas um negócio de família, servindo de base para alianças econômicas. Segundo Araújo (2002), escolha e paixão não pesavam nessas decisões, e a sexualidade para reprodução era parte do pacto familiar. Com a expansão do cristianismo, no século V, a Igreja passou a tomar poder sobre o casamento.

O amor romântico desenvolve-se nesta época fora das relações conjugais oficialmente firmadas, prescindindo da relação sexual, uma vez que a necessidade de declarar-se, trocar um olhar e demonstrar afeição era retribuída por um simples gesto da pessoa amada. Era exaltado pelos cavaleiros, poetas e trovadores que cortejavam geralmente uma mulher casada de posição social superior. Assim, o amor romântico encontra-se à margem do casamento (Araújo, 2002).

Do século XVIII em diante, apesar de se conservarem resquícios do amor "cósmico", já se ansiava por um destino livre, tendo-se a relação como meio de segurança psicológica e campo sólido para o controle do futuro em vista de um casamento (Giddens, 1993). Imbuído da idealização do parceiro e da projeção de um devir, o amor romântico torna-se o adágio da associação entre casamento e maternidade, provendo à sociedade as suas bases de reprodução humana – uma vez que se atribui ao amor "verdadeiro" atemporalidade, isto é, eternidade. Mesmo fundado em relações emocionais igualitárias, o amor romântico, por muito tempo, sujeitou as mulheres à intimidade do lar. O casamento fundado sobre estas bases tem declinado diante da emancipação e da autonomia sexual feminina.

Giddens (1993) aponta o amor confluente como um amor contingente, ou seja, é específico a um dado momento e espaço, sua duração é estabelecida pela conveniência de ambos os parceiros, rompendo com a eternidade do amor romântico. Surge de acordo com a crescente igualdade entre os sexos e a liberalização sexual feminina. O amor confluente introduz a *ars erotica* (saber sobre os prazeres do corpo, erotismo) no cerne do relacionamento conjugal, e transforma a realização do prazer sexual recíproco em um elemento-chave na manutenção ou dissolução do relacionamento. O amor romântico, da mesma maneira, previa a satisfação dos parceiros, já que predominantemente despertava-os para o erotismo, mas não colocava a sexualidade como elemento fundamental da relação.

A partir das considerações sobre a soberania do prazer na relação conjugal, podemos observar o quanto o amor confluente rompe com estigmas sociais de mulheres "respeitáveis" ou não (uma vez que todos buscam a satisfação sexual), de monogamia e, além disso, de heterossexualidade – diferentemente do amor romântico, não aloca os sujeitos em lugares sociais predeterminados (Giddens, 1993).

Sobre os relacionamentos atuais, em que predomina o amor confluente, Parker (1991) ressalta o papel do erotismo, em conexão próxima à noção de intimidade. De acordo com Parker, "secreta ou escondida, a vida sexual tem seu caráter fundamentalmente transformado. Tudo pode acontecer. Encontra-se uma liberdade de expressão sexual que seria rigorosamente proibida no mundo exterior, no mundo público da vida diária" (1991, p. 156). Na ideologia erótica, a dicotomia entre os dois domínios (público e privado) é, ao menos temporariamente, invertida quando a liberdade sexual e o perigo das ruas adentram o protegido espaço doméstico. As distinções entre externo e interno, entre público e privado, de repente se confundem e as estruturas da vida diária são reviradas, relativizadas e rearranjadas, criando um espaço para a relativa ausência de normas. Portanto, na intimidade, as interações sexuais se tornam uma finalidade em si mesmas, uma realização do desejo na obtenção do prazer e da paixão permitidos pela falta de regras.

Centralizado na transgressão das regras e dos regulamentos que proíbem determinadas práticas sexuais, o sistema de referência erótico acarreta uma interpretação da natureza da vida sexual diferente da fornecida pela ideologia do gênero e pelo discurso da sexualidade. A própria interpretação nasce claramente das proibições que definem esses outros sistemas. Na ideologia do erótico, no entanto, o significado dessas proibições é radicalmente diferente, sendo fundamentalmente positivo.

As distinções sexuais hierárquicas entre homens e mulheres e a classificação detalhada de normalidade e anormalidade dão lugar a uma reformulação na compreensão da sexualidade: "uma economia simbólica que se forma como uma estética de excitação e desejo, do corpo e seu potencial para o prazer" (Parker, 1991, p. 161). O prazer sexual reelaborado enfatiza um conjunto mais amplo de práticas sexuais, de modo que a noção de gozo, mesmo sendo central nesse sistema, certamente não é o único objetivo que parece existir quando é analisado a partir das perspectivas do gênero ou da sexualidade.

Parker (1991) descreve o erotismo como espaço para a renegociação do espaço íntimo e privado, assim como dos papéis feminino e masculino na relação heterossexual. A noção de Giddens (1993) sobre o relacionamento puro implica a mesma dialética dos papéis sexuais que Hite (1989) observou em relacionamentos homossexuais, os quais questionam o lugar social do homem e da mulher, apontando a inconsistência de tais lugares. Entre as mulheres homossexuais esses papéis são renegociados constantemente, resultando em relações nas quais a noção de papéis sexuais parece estar ausente. Referem-se a sua sexualidade em relação a uma parceira definida, evitando identificar-se com expectativas sociais de como devem se portar sexualmente, o que, segundo elas, é muitas vezes angustiante. O conceito de Giddens (1993), segundo o qual a sexualidade seria um ponto de conexão primário entre o corpo, a autoidentidade e as normas sociais e, portanto, contingente, traz uma excelente contribuição para a compreensão deste fenômeno.

SEXUALIDADE FEMININA E SATISFAÇÃO SEXUAL FEMININA

A sexualidade feminina era, até há pouco tempo, caracterizada como uma resposta ao intercurso na relação heterossexual, não possuindo uma natureza própria, possuidora de uma complexidade intrínseca, sendo apenas a contraparte da sexualidade masculina (Hite, 1989). A partir da teoria psicanalítica, baseada principalmente no conhecimento acerca da sexualidade masculina, a expressão da sexualidade feminina era vista basicamente como patológica, uma vez que grande parte das mulheres tinha dificuldades para atingir o orgasmo. Enfim, o conhecimento parecia voltado para a procura de patologias mais que para o conhecimento do que poderia ser considerado trivial.

A sexologia como artefato e produto do patriarcado permanece influenciando o que constitui o bem-estar da mulher, e prescreve um comportamento sexual normal. A partir disso, faz-se necessário a identificação do que é normal, partindo do ponto de vista feminino, suportando ou refutando o ponto de vista médico. Desse modo, foi com o intuito de buscar a complexidade da sexualidade feminina e a relação da experiência sexual com sistemas de crenças científicas ou populares que Nicholson e Burr (2003) desenvolveram alguns estudos.

Os resultados sugerem que as crenças demonstradas pelas mulheres pesquisadas denotam o sentido de responsividade feminina na relação sexual, o imperativo patriarcal de que sexo significa penetração e a obrigatoriedade do orgasmo dentro da relação. Já a sexualidade masculina é vista como ativa e que necessita satisfação sexual. Há crenças de que a sexualidade masculina ocorre sem problemas e que é biologicamente orientada e ativa em relação à feminina. Ao passo que a sexualidade feminina é percebida como diferente, que há uma diferença entre homens e mulheres no aspecto físico, de modo que as mulheres se atêm mais à parte física do carinho e do toque do que à satisfação do intercurso sexual, o que para os homens é mais importante.

Em sua pesquisa, Nicholson e Burr concluem que as mulheres experimentam a satisfação sexual em vários níveis, entre os quais a penetração não é, necessariamente, o mais agradável. O orgasmo não foi visto como algo central na relação, mas como uma maneira de agradar o parceiro. Isso vai ao encontro da literatura clínica psicológica, que permanece predominantemente embebida no ponto de vista masculino, patriarcal e comercial, que percebe o intercurso sexual como "o sexo" e o orgasmo como o ponto central da satisfação sexual feminina.

É fato que determinadas crenças historicamente desqualificadoras do papel da mulher na sociedade têm reservado a elas uma condição servil a homens e crianças. A sexualidade feminina tem sido restringida em sua expressão cultural, certamente oprimida por ideias e práticas sociais que definem a melhor maneira de se relacionar sexualmente: preliminares, penetração, intercurso e ejaculação. Será que esse modelo não pode ser redefinido, tendo em vista as determinações culturais das relações sexuais? Hite (1989) e Müller (2001), em seus estudos, verificaram que a mulher finge o orgasmo pelas mais variadas causas, mas, sem dúvida, sua ânsia de agradar o parceiro sexual ainda desponta. Também verificaram que as mulheres simulam o gozo para não se sentirem fora, apartadas, diferentes. O que está sendo imposto é a busca do orgasmo pela ideologia reinante.

Foi com o intuito de estudar a complexidade da sexualidade feminina que Hite desenvolveu um amplo estudo sobre esse assunto nos anos 1970, em que percebeu que as mulheres poderiam satisfazer-se das formas mais particulares, não sendo presas a padrões predeterminados de comportamento, seja orgânico ou cultural. Nessa direção, Andersen, Cyranowsky e Aarestad (2000), corroborando Hite (1989), afirmam que a sexualidade feminina é mais sensível a variações interculturais e intraculturais do que a masculina, o que, segundo elas, seria a expressão de nada além de uma educação voltada para a entrega e para o cuidado, o que tornaria o comportamento sexual feminino reflexo de um contexto. Por outro lado, o comportamento masculino seria voltado para a disseminação de seus genes, e, por isso, os homens, envolvidos em competição, tenderiam a apresentar um padrão mais homogêneo de comportamento sexual. Além disso, Baumeister e Twerge (2002) lembram que as mulheres arcam com um custo muito alto – gravidez, puerpério e educação da prole – ao se engajarem em relacionamento sexual, o que, em si, já representa uma certa supressão da sexualidade feminina.

A partir da discussão acerca da sexualidade feminina, pode-se hipotetizar que a satisfação sexual feminina possui uma ampla gama de possibilidades, dentre as quais a penetração é apenas mais uma, e não necessariamente uma das mais desejáveis. Assim, utiliza-se aqui o termo "satisfação" como a relação existente entre o que é prazeroso e desejável para a mulher e a sua experiência sexual.

MEDIDAS DE SEXUALIDADE FEMININA

A exemplo de escalas desenvolvidas sobre sexualidade, a escala de sexualidade de Snell e Papini (1989) é uma medida dos construtos de autoestima sexual, depressão sexual e preocupação sexual. Usando este instrumento, Wiederman e Allgeier (1993) investigaram a correlação dos construtos de autoestima sexual e depressão sexual com instrumentos de autoestima (*Rosenberg Self-esteem Scale*) e de depressão (*Beck Depression Inventory*), respectivamente, entre os quais verificaram correlação moderada.

O instrumento para mensuração da sexualidade em seus diversos aspectos foi desenvolvido para abarcar as categorias de autoestima sexual, depressão sexual e preocupação sexual. Os itens para essas três categorias foram elaborados usando uma escala de cinco pontos – de +2 ("concordo") a -2 ("discordo") –, com metade dos itens em cada subescala invertidos, aplicados a 296 estudantes. Os itens foram submetidos a técnicas de análise fatorial exploratória em que uma solução de três fatores foi especificada.

Outro instrumento de importância para a área é a Escala de Percepções de Amor e Sexo (*Perceptions of Love and Sex Scale*, ver breve descrição no capítulo 2), que visa a medir a relação que as pessoas fazem entre sexo e relacionamento amoroso. Foi construída a partir dos itens retirados de um estudo piloto no qual setenta sujeitos responderam à questão: "por favor, diga-nos como amor e sexo [no sentido de qualquer afeição física] estão relacionados no seu relacionamento". Depois de repetidas leituras do material, foram listados 27 temas que foram subsequentemente redigidos na forma de itens que constituíram a escala.

A Escala de Percepções de Amor e Sexo (Hendrick & Hendrick, 2002) foi aplicada em conjunto com outras duas medidas – Escala de Atitudes sobre o Amor (forma reduzida) e Escala de Atitudes Sexuais –, a fim de encontrar evidências de como as pessoas relacionam amor e sexo em seu cotidiano, com base na perspectiva evolucionista e nas diferenças entre os gêneros. Neste estudo, foram incluídas apenas participantes que declaravam ter uma relação amorosa-sexual, independente do tipo. A análise fatorial realizada consagrou cinco fatores: (1) "O amor é mais importante"; (2) "Sexo demonstra amor"; (3) "O amor antecede ao sexo"; (4) "Afeição assexuada"; (5) "O sexo está declinando". Os resultados do estudo não revelaram diferenças de gênero na percepção de amor e sexo com base na posição social das pessoas, assim como não distinguiram claramente as percepções individuais no contexto da condição relacional do casal, indicando a necessidade, segundo as autoras, de ampliar a amostra e aprimorar a sensibilidade do instrumento.

A sexualidade é, segundo Giddens (1993), constituída a partir da subjetivação da cultura enquanto um aspecto maleável do eu, um ponto de conexão primário entre o corpo, a autoidentidade e as normas sociais e, portanto, uma dimensão de difícil apreensão coletiva. No entanto, ainda assim guarda um conjunto de regularidades no seu desenvolvimento. São estas regularidades, tomadas de modo generalizado e como critério de análise, que permitem comparações entre indivíduos. Assim, a possibilidade de generalização e construção de medidas para a avaliação destas categorias torna-se viável, desde que respeitadas as similaridades e diferenças das populações.

Desse modo, é importante ressaltar a importância da construção de medidas no campo da sexualidade que visem à delimitação desse fenômeno para, posteriormente, investigar a causalidade e a covariação de determinadas disfunções sexuais e sua relação com outros fenômenos psicológicos. A mensuração da sexualidade, em seus diferentes aspectos, tem sido importante na investigação clínica, tanto sobre desordens sexuais quanto sobre autoestima em geral (Wiederman & Allgeier, 1993).

Construção de uma medida de satisfação sexual feminina e sua aplicação

A partir do questionamento de como seria possível às mulheres atingirem a satisfação na relação com um parceiro foi construído um instrumento de medida de satisfação sexual feminina. Este instrumento visa a ser uma medida que abarque a multiplicidade de sexualidades que as mulheres na nossa sociedade apresentam, sem a delimitação de papéis *a priori*. Para tanto, foi elaborado um primeiro questionário, que tinha como finalidade a verificação dos itens constituintes do fenômeno, além de verificar possíveis dificuldades na formulação das questões. Nesta etapa da pesquisa, participaram 33 estudantes de uma universidade federal.

Após a avaliação dos resultados obtidos a partir do primeiro questionário – frequência de respostas, consistência interna e outros índices –, seguimos à formulação de um novo questionário, a fim de obter melhores resultados e utilizar um questionário com menos perguntas. Fez-se, em seguida, a mensuração desses itens em uma escala de quatro pontos. Cada item possuía uma série de questões, cujos valores seriam multiplicados por uma questão inicial que dava o peso do item para determinado sujeito, de modo a permitir que fosse expressiva qualquer diferença quanto à importância dos diversos aspectos que englobam a atividade sexual para cada sujeito, pois, como já foi mencionado, a sexualidade possui um caráter múltiplo e único para cada pessoa, para cada história de vida.

Deste modo, a escala foi constituída por sete itens: 1) "Satisfação quanto às carícias recebidas"; 2) "Satisfação quanto ao orgasmo"; 3) "Satisfação quanto à satisfação do parceiro"; 4) "Iniciativa para engajar-se em uma relação sexual"; 5) "Relação afetivo-amorosa e a relação com a satisfação"; 6) "Satisfação quanto à penetração"; 7) "Satisfação quanto às preliminares". Nesta etapa da pesquisa, participaram 45 estudantes universitárias. Os escores foram calculados a partir da soma dos itens obtidos. Na análise dos dados, foi utilizado o programa estatístico *Statistical Package for the Social Sciences* (SPSS).

RESULTADOS E DISCUSSÃO DA PESQUISA

A análise das médias alcançadas pelos diferentes grupos de idade mostrou diferenças quanto à satisfação que as mulheres alcançavam de acordo com o grupo etário (Figura 1).

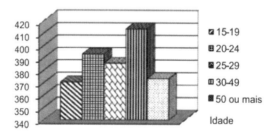

Figura 1. Distribuição das médias relacionadas à satisfação sexual segundo a idade.

Como se pode perceber na figura acima, as mulheres de trinta a 49 anos alcançaram uma média maior que as outras (413,24), demonstrando maior satisfação sexual, seguidas das mulheres de vinte a 24 anos, com média de 392,88. Isso pode estar relacionado a um maior autoconhecimento das mulheres, o qual é geralmente alcançado com o decorrer dos anos, quando a mulher já sabe como e quando tem prazer sexual, podendo ser, assim, mais satisfeita sexualmente. Segundo Hite (1989), a capacidade sexual feminina aumenta à medida que a mulher envelhece, porque se desenvolve um maior e mais complexo número de vasos sanguíneos na área genital. Entretanto, nessa pesquisa, as mulheres de mais de cinquenta anos obtiveram uma média relativamente baixa, 373,30. As diferenças entre esses grupos não podem ser consideradas significativas devido à pequena quantidade de sujeitos.

Além da diferença encontrada entre os grupos etários, os escores encontrados entre as mulheres que possuem relacionamento fixo foram significativamente maiores que entre aquelas que não o têm. No entanto, as diferenças, apesar de bem marcadas, não se mostraram significativas. É importante destacar que um problema do instrumento desta pesquisa foi abordar o tema satisfação sexual de maneira tal como se todas as mulheres possuíssem parceiro fixo, o que exigiu que as que não tinham pensassem em um único parceiro para responder ao questionário. Entretanto, é importante ressaltar que havia um campo com as alternativas "possui" e "não possui" parceiro fixo.

A correlação entre a questão inicial "sinto-me satisfeita sexualmente" e o escore obtido na escala foi de 0,37. Isso indica que há uma certa correspondência, apesar de não muito forte, entre o que as mulheres consideram ao avaliarem a sua satisfação sexual e os aspectos que, na elaboração da escala, foram considerados. A análise da correlação entre os itens (com os coeficientes de correlação de Pearson indicados entre parênteses) mostrou que foram significativas as relações entre:

1) A presença de carícias (beijos, "amassos") e a iniciativa da mulher para engajar-se em uma relação sexual (r = 0,45);
2) A presença de carícias (beijos, "amassos") e a importância da relação afetivo-amorosa experenciada com aquele parceiro (r = 0,49);
3) A iniciativa da mulher para engajar-se na relação sexual e a satisfação quanto à penetração (r = 0,47);
4) A importância da relação afetivo-amorosa e a satisfação quanto à penetração (r = 0,40).

Essas correlações demonstram que a relação sexual com penetração, assim como qualquer iniciativa por parte da mulher, mostrou-se intimamente relacionada à relação afetivo-amorosa que a mulher desfruta com o parceiro. Não se pode desvincular a relação afetiva estabelecida da satisfação que a mulher vivencia em sua sexualidade. A satisfação sexual vincula-se, pelo que se pôde observar, fortemente à satisfação orgásmica e ao coito. No entanto, é importante lembrar que as expectativas dessas mulheres quanto ao sexo são fruto de uma ideologia patriarcal, que coloca o coito como a relação sexual em si.

Dessa forma, essas três variáveis encontram-se intimamente relacionadas: penetração, relação afetivo-amorosa e carícias. As mulheres que porventura não possuíam parceiro fixo no momento da pesquisa apresentavam uma carência maior quanto à relação afetivo-amorosa, carícias etc. Por isso, as mulheres que possuíam parceiro fixo experenciaram satisfação maior quanto à sua sexualidade do que aquelas que não possuíam. Isso está de acordo com Hite (1989) e Nicholson e Burr (2003), quando afirmam que as mulheres buscariam participar de uma relação sexual quando buscam receber carinho, ter contato físico e afetivo. Ou seja, não buscam a relação em si, mas como um meio para alcançar a afetividade.

O instrumento de medida de satisfação sexual feminina apresentado neste capítulo possui algumas limitações que precisam ser corrigidas, no entanto, a partir dessas duas primeiras etapas, já foi possível avançar no âmbito da reflexão acerca da pluralidade da sexualidade feminina e de sua satisfação.

Considerações finais

A sexualidade é um aspecto central na qualidade de vida das pessoas, e a satisfação sexual, no âmbito das relações amorosas, reflete o nível de bem-estar físico, psicológico e social dos parceiros. Neste estudo, ao verificarmos que as mulheres se satisfazem dentro das contingências socioculturais que fazem parte de sua vida sexual, e que a sexualidade feminina é constituída de aspectos singulares diferentes dos da sexualidade masculina, é importante considerar o que as mulheres pensam e o que gostariam de fazer para obter satisfação em relação à sua sexualidade. Observou-se que o que as mulheres valorizam, muitas vezes, difere das expectativas socialmente definidoras do que é ou deve ser a sexualidade feminina. Apesar disso, na maior parte das vezes, as mulheres tendem a conviver em função do que delas é sexualmente esperado, por mais que as suas necessidades sejam secundariamente satisfeitas.

Assim, não se pode tomar de antemão critério algum para avaliar a sexualidade feminina que não o posicionamento da própria mulher sobre o que, para ela, é considerado satisfatório.

Padrões sociais de satisfação e sexualidade tendem a homogeneizar relações amorosas, com reflexos sobre a patologização de condutas diferenciadas das expectativas sociais. É necessário reconhecer que cada mulher é única, no sentido de reconhecer o que é capaz de satisfazê-la sexualmente.

MEDIDA DE SATISFAÇÃO SEXUAL FEMININA

Aplicação e análise: para cada um dos itens, a respondente deve indicar o respectivo grau de concordância ou de importância, dependendo do item, atribuindo-lhe valor de um ("discordo" ou "indiferente") a quatro ("concordo" ou "muito importante"). A escala é constituída por sete fatores, que são (com os números de seus respectivos itens indicados entre parênteses): "Satisfação quanto às carícias recebidas" (2 e 3), "Satisfação quanto ao orgasmo" (4, 5 e 6), "Satisfação quanto à satisfação do parceiro" (7, 8, 9 e 10), "Iniciativa para engajar-se em uma relação sexual" (11, 12, 13 e 14), "Relação afetivo--amorosa e a relação com a satisfação" (15, 16 e 17), "Satisfação quanto à penetração" (18 e 19) e "Satisfação quanto às preliminares" (20 e 21). O valor de cada item é multiplicado pelo valor do primeiro item do respectivo fator, dando o peso do fator para cada participante, de modo a permitir que seja expressiva qualquer diferença quanto à importância dos diversos aspectos que englobam a atividade sexual para cada uma das participantes. A partir disso, o escore da escala é calculado por meio de média aritmética simples dos valores dos fatores. Itens assinalados com asterisco possuem respostas relacionadas ao grau de importância.

1. Sinto-me satisfeita sexualmente.
2. Carícias (beijos, "amassos" etc.) são algo que considero ____ para a minha vida sexual.*
3. Nas minhas relações sexuais tenho carícias (beijos, "amassos" etc.).
4. Acho que o orgasmo é ____ para a minha satisfação sexual.*
5. Tenho orgasmos facilmente nas minhas relações com penetração.
6. Tenho orgasmos facilmente por outras formas de sexo (masturbação, sexo oral, sexo anal etc.).
7. A satisfação de meu parceiro é ____ para a minha satisfação sexual.*
8. Sinto que agrado ao meu parceiro.
9. O meu prazer é secundário.
10. Gosto de agradar e ser agradada.
11. Ter vontade de transar é ____ para a minha satisfação sexual.*
12. Tenho tomado a iniciativa ultimamente.
13. Sinto vontade de transar.
14. Sinto tesão pelo meu parceiro.
15. A relação afetivo-amorosa que tenho com o meu parceiro é ____ para a minha satisfação sexual.*
16. Tenho vontade de estar com o meu parceiro.
17. É bom transar com ele.
18. A penetração é algo ____ para a minha satisfação sexual.*
19. Tenho prazer durante a penetração.
20. As preliminares são ____ para a minha satisfação sexual.*
21. Tenho tido preliminares no meu relacionamento sexual.

Referências

Andersen, B. L., Cyranowsky, J. M., & Aarestad, S. (2000). Beyond artificial, sex-linked distinctions to conceptualize female sexuality: comment on Baumeister. *Psychological Bulletin, 126*(3), 380-384.

Araújo, M. F. (2002). Amor, casamento e sexualidade: velhas e novas configurações. *Psicologia: Ciência e Profissão, 22*(2), 70-77.

Ariès, P. (1987). O amor no casamento. In P. Ariès & A. Béjin, *Sexualidades ocidentais* (pp. 153-162). Brasiliense: São Paulo.

Baumeister, B., & Twerge, J. (2002). Cultural supression of female sexuality. *Review of General Psychology, 6*(2), 166-203.

Giddens, A. (1993). *A transformação da intimidade: sexualidade, amor e erotismo nas sociedades modernas*. São Paulo: Editora Unesp.

Hendrick, S. S., & Hendrick, S. S. (2002). Linking romantic love with sex: development of the Perceptions of Love and Sex Scale. *Journal of Social and Personal Relationships, 19*(3), 361-378.

Hite, S. (1989). *O relatório Hite: um profundo estudo sobre a sexualidade feminina*. São Paulo: Difel.

Müller, F. (2001). *Fingimento feminino do orgasmo. Prática supervisionada em psicologia social.* Porto Alegre: PUC/RS.

Nicholson, P., & Burr, J. (2003). What is 'normal' about women's (hetero) sexual desire and orgasm? A report of an in-depth interview study. *Social Science & Medicine, 57*(9), 1735-1745.

Parker, R. G. (1991). *Corpos, prazeres e paixões: a cultura sexual no Brasil contemporâneo*. São Paulo: Best Seller.

Snell, W. E., & Papini, D. R. (1989). An instrument to measure sexual-esteem, sexual-depression and sexual-perception. *The Journal of Sex Research, 26*, 256-63.

Wiederman, M. W., & Allgeier, E. R. (1993). The measurement of sexual-steem: investigation of Snell and Papini's (1989) Sexuality Scale. *Journal of Research in Personality, 27*, 88-102.

8. Sentimentos predominantes no término de relacionamentos amorosos

Andréia Chagas Pereira, Juliana de Souza, Mariana Valença Marcondes, Michele Trierweiler, Roberto Moraes Cruz

Este capítulo discorre sobre quais sentimentos predominam no término de relacionamentos amorosos, se sentimentos negativos ou positivos, com base em uma pesquisa realizada com sujeitos que já tivessem vivenciado tal situação. Foram testadas hipóteses levantadas, com base na literatura já existente sobre o assunto, de que sentimentos negativos – associados à infelicidade e ao mal-estar – seriam os mais frequentes nesses casos. Buscou-se, ainda, evidenciar as diferenças na intensidade dos sentimentos nos homens e nas mulheres.

O momento de término de relações amorosas

Em nossas vidas passamos, naturalmente, por muitas situações de mudanças e transformações, que implicam consequências agradáveis ou desagradáveis. Uma das mudanças que pode ocorrer na vida de quem possui uma relação amorosa é a separação, ou seja, o término do relacionamento amoroso. São muitas as consequências geradas por uma situação como essa, como mudanças de hábitos, de rotinas, de estilos de vida e de valores, que geram sentimentos e emoções. Segundo Ahrons (1995), o término de uma relação amorosa significa uma transição em um processo de desenvolvimento, isto é, o fim de uma fase da vida e o início de outra, em que se busca o equilíbrio em novas bases.

Cada separação tem uma história e, quase sempre, gera um abalo emotivo que, segundo Giusti (1987), provoca uma sensação semelhante à perda de um ente querido. Quando ocorre o rompimento de um relacionamento amoroso, a recuperação do equilíbrio emocional e existencial requer um dispêndio de energia psíquica, o que pode provocar uma deterioração física e nervosa, tal como ocorre durante um processo de luto. Caruso afirma que estudar a separação amorosa significa estudar a presença da morte na vida, ou seja, na separação há uma sentença de morte recíproca, em que "o outro morre em vida dentro de mim e eu também morro na consciência do outro" (1981, p. 12).

De acordo com Freud (1974), o luto profundo, como reação à perda de alguém que se ama, leva à diminuição de interesse pelo mundo externo, à dificuldade de adotar-se um novo objeto de amor e ao afastamento de qualquer atividade que não esteja ligada a pensamentos sobre ele. É difícil definir o momento de início e de término do "período de luto" e, segundo Féres-Carneiro (1998, p. 72), o tempo de elaboração do luto pela separação pode ser maior do que aquele do luto por morte.

Apesar de cada indivíduo ser único e cada experiência de vida nunca se repetir em sua especificidade, existem algumas características que estão presentes e associadas aos estados afetivos e psíquicos próprios dos momentos de separação, como a dor e a dificuldade de superação. Maldonado (2000) e Carter e McGoldrick (1995) descrevem que a dor da separação é, com frequência, fisicamente sentida. São comuns as dores no peito e as sensações de peso e falta de ar. Além disso, a incapacidade de trabalhar efetivamente, mudanças no peso, disfunção sexual, insônia e transtornos do sono também são frequentes.

VIVÊNCIA DE SENTIMENTOS APÓS O TÉRMINO DE RELACIONAMENTOS AMOROSOS

O processo de separação, após vivência intensiva de uma relação amorosa, significa a quebra de vínculos, de laços emotivos, sexuais e afetivos criados. É um processo permeado, via de regra, tanto pelo amor quanto pelo ódio, brigas e reconciliações. Para Giusti (1987), embora a separação seja considerada ruim para ambos, costuma sofrer mais aquele que é percebido como deixado, apresentando uma predominância de sentimentos negativos. Não porque a separação não doa para a pessoa que terminou, mas, segundo Colasanti (1986), porque este, para aliviar sua dor, tem o estímulo do impulso que o levou a agir e o sentido de renovação.

A Figura 1 sintetiza alguns dos aspectos envolvidos no processo de separação de casais e a qualidade dos sentimentos envolvidos. Representa, sinteticamente, a tendência à predominância de sentimentos daqueles que viveram as diferentes quebras de contratos psicológicos e sociais inerentes ao relacionamento amoroso.

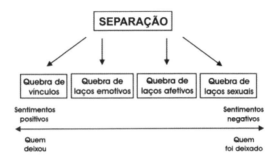

Figura 1. Esquema representativo das características e consequências da separação conjugal.

Para suavizar ou neutralizar o sofrimento, costumam surgir os sentimentos de ódio e frieza, já que pensar com raiva apenas nas coisas ruins anestesia a dor de lamentar o que não deu certo. Em meio ao ódio, ao ressentimento e à dor, vem a tendência a denegrir, difamar e rebaixar o ex-parceiro, para convencer-se de que não perdeu "grande coisa". Se, aos olhos da pessoa, o outro fica desprezível, será mais fácil acabar ou aceitar o fim da relação. Assim, os defeitos se ressaltam e as qualidades passam para segundo plano, no esforço de sentir menos as perdas ou de não se arrepender da decisão de separar-se (Maldonado, 2000). Quanto mais longa e íntima for a união, provavelmente mais desolador será o momento da separação, mesmo se a intimidade for produto de sofrimentos, incompreensões e ofensas (Giusti, 1987).

É difícil deixar de pensar a respeito da vida e dos atuais sentimentos do antigo companheiro. Dessa forma, as novas relações do parceiro podem dar início ao ciúme, inclusive em quem nunca o sentiu. O ciúme é um sentimento que surge quando se perdem os direitos em relação ao companheiro.

Se antes se tinha o "direito de amor exclusivo" sobre essa pessoa, quando ele deixa de existir surge uma profunda sensação de frustração e impotência. De acordo com Giusti (1987), às vezes ocorre, depois da separação, que, ao mesmo tempo em que se aguça o desejo de possuir e de controlar o outro, acaba-se perdendo toda a motivação para viver e experimentar novas situações.

Existem muitas formas de se reagir ao término de um relacionamento amoroso. Para algumas pessoas, essa situação pode gerar uma depressão vitalícia, principalmente naquelas que têm uma vulnerabilidade a vicissitudes românticas e a deprimir--se durante tais períodos difíceis. Já outras pessoas, segundo Maldonado (2000), protegem-se do impacto emocional da separação fazendo uma defesa de "anestesia afetiva total", ou seja, a pessoa diz não sentir nada após o término, enquanto outros preferem o isolamento, ficando sozinhos ou em contato com pouca gente. Assim, as reações podem manifestar-se tanto no isolamento voluntário como na busca compulsiva de companhia.

Com o passar do tempo, o término torna-se algo concreto em sua vida. As emoções que impossibilitavam alguma forma de reação vão sendo reelaboradas e vividas de maneira mais direta e menos dilacerante. De acordo com Viorst,

> [...] somos indivíduos reprimidos pelo proibido e pelo impossível, que procuram se adaptar a seus relacionamentos extremamente imperfeitos. Vivemos de perder e abandonar, e de desistir. E mais cedo ou mais tarde, com maior ou menor sofrimento, todos nós compreendemos que a perda é, sem dúvida, uma condição permanente da vida humana. (1988, p. 243)

Construção e aplicação da Escala de Vivência de Sentimentos Após o Término de Relacionamentos Afetivos

Primeiramente, foi realizado um pré-teste, no formato de escala de tipo Likert (Baquero, 1968), com quarenta afirmativas construídas a partir da avaliação dos atributos do fenômeno investigado. Essa versão preliminar da escala foi submetida a dez sujeitos e, posteriormente, sofreu alterações que visavam a uma melhor mensuração dos resultados e que evitassem ambiguidade de interpretação das questões.

A partir disso, foi construída uma escala contendo sete questões, visando à caracterização dos participantes e do término do relacionamento amoroso, e 37 afirmativas, sendo oito relacionadas a sentimentos positivos e as 29 restantes relacionadas a sentimentos negativos. Consideraram-se como positivos os sentimentos ligados ao bem-estar e à melhoria no estado geral da pessoa e, como negativos, os sentimentos ligados à infelicidade e ao mal-estar. O questionário possuía mais afirmativas relacionadas a sentimentos negativos, já que, segundo autores como Maldonado (2000), Ahrons (1995) e Caruso (1981), estes são os sentimentos que predominam após o término de relacionamentos amorosos. As afirmativas foram respondidas objetivamente, assinalando uma das cinco respostas referentes ao grau de intensidade da escala – "nunca", "pouco", "moderadamente", "frequentemente" ou "extremamente". Para cada proposição da escala, foi atribuído um valor entre um e cinco, conforme a intensidade do sentimento vivenciado pela pessoa.

A correlação entre a escala de sentimentos positivos e negativos é negativa, significativa e de grande magnitude, o que indica que altos escores de sentimentos positivos estão associados a baixos escores de sentimentos negativos e vice-versa. Além disso, também foi realizada a análise apenas dos sentimentos positivos e dos negativos separadamente, constatando-se que os sujeitos com predomínio de sentimentos positivos após o término do relacionamento possuíam um baixo índice de sentimentos negativos e vice-versa. Portanto, para analisar os dados, os valores das afirmações relacionadas aos sentimentos positivos foram invertidos, para que a intensidade dos sentimentos positivos e negativos fosse analisada num mesmo *continuum*. Assim, as medidas dos sentimentos, atribuídas por cada participante, foram analisadas de acordo com a intensidade, no intervalo de um a cinco, sendo que, para cada sujeito, foi calculada a média dos seus valores na escala. Portanto, quanto menor o valor alcançado, maior era a ocorrência de sentimentos positivos em relação ao final do relacionamento e, consequentemente, quanto maior o valor, maior era o predomínio de sentimentos negativos.

A escala foi aplicada em estudantes universitários e profissionais residentes em Florianópolis, tomando-se o cuidado para que as pessoas respondessem individualmente e não fossem identificadas. Participaram deste estudo 150 mulheres e 150 homens, com idades entre dezesseis e 61 anos, sendo que a média de idade foi de 22 anos e o desvio padrão de cinco anos e oito meses. Como pré-requisito para participar da pesquisa era necessário que o sujeito já tivesse vivenciado um término de relacionamento amoroso. Os dados obtidos com a aplicação da escala foram organizados em planilhas eletrônicas por meio de *software* específico para esse fim (Microsoft Access) e tratados estatisticamente por meio dos programas *Statistical Package for the Social Sciences* (SPSS) e Microsoft Excel.

RESULTADOS E DISCUSSÃO DA PESQUISA

O tempo de relacionamento dos participantes variou entre um mês e vinte anos. Quanto ao tipo de relacionamento pesquisado, 96,7% eram namoros, sendo que a média de duração era de um ano e nove meses. Quanto à iniciativa do término da relação amorosa, as mulheres são as que mais decidem terminar a relação, sendo que 50,7% delas tomaram a iniciativa do término, enquanto 34,7% dos homens tomaram a decisão, e 73,3% dos homens e 72% das mulheres tiveram seus relacionamentos terminados sem conflitos. Esses resultados são corroborados por Féres-Carneiro (2003), que ressalta que quase sempre são as mulheres que manifestam o desejo de se separarem e tomam a decisão, enquanto os homens, na maior parte das vezes, desejam manter a relação.

A média geral dos valores da escala atribuída pelos participantes foi de 2,26, sugerindo uma predominância de sentimentos positivos. De acordo com Giusti (1987), os relacionamentos mais duradouros seriam os que mais causariam sofrimento após o término. Isso justifica o fato de, nesta pesquisa, os sentimentos positivos após o término de um relacionamento estarem mais presentes; afinal, a média de duração dos relacionamentos pesquisados é de um ano e nove meses.

Nesta pesquisa, homens e mulheres mostraram diferenças significativas num teste *t* para amostras independentes em relação aos resultados da escala. As mulheres obtiveram uma média de 2,47 e os homens de 2,07, indicando um maior surgimento de sentimentos negativos em relação ao término de relacionamento amoroso por parte delas, o que demonstra que as mulheres sofrem mais diante dessa situação. Esses resultados são corroborados por Mearns (1991), que afirma que homens e mulheres diferem na depressão provocada após o término, sendo que as mulheres relatam uma depressão mais severa.

Observou-se que os homens referem ter como sentimentos positivos mais frequentes as sensações de felicidade, alívio e liberdade, enquanto as mulheres tiveram a sensação de liberdade, a motivação para buscar novas possibilidades de vida e a satisfação com sua nova vida. Com relação aos sentimentos negativos, tanto as mulheres quanto os homens apresentaram com maior intensidade sentimentos de irritação e choro e a falta de interesse por suas atividades, conforme demonstrado na Figura 2.

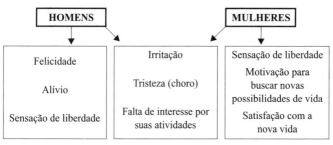

Figura 2. Sentimentos presentes com mais intensidade ao término do relacionamento para homens e mulheres.

A vivência de sentimentos positivos e negativos após o término de relacionamentos amorosos ocorre tanto para os homens quanto para as mulheres. No entanto, os resultados demonstram que as mulheres tendem a apresentar uma predominância de sentimentos negativos, o que leva a um maior sofrimento por parte delas. Na Figura 3, verifica-se a descrição das médias conforme a pessoa que tomou a iniciativa para o término da relação. Quando o parceiro tomou a iniciativa do término, os níveis se apresentaram mais altos nas três categorias, atingindo uma média de 2,59 nos homens e 3,05 nas mulheres. Isso indica uma maior frequência de sentimentos negativos nesta situação do que quando a própria pessoa tomou a decisão ou quando ambos decidiram a situação.

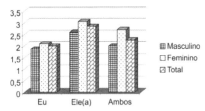

Figura 3. Distribuição das médias de sentimentos positivos e negativos após o término de relacionamento amoroso, conforme a pessoa que tomou a iniciativa.

Em todas as três situações, foram as mulheres que apresentaram valores mais altos, demonstrando maior surgimento de sentimentos negativos no sexo feminino. Podemos relacionar estes valores com a teoria de Maldonado, segundo a qual "quem deixa e quem é deixado sentem diferentes tipos de dor" (2000, p. 97).

De acordo com esta pesquisa, uma maior negatividade ou "dor" ocorre entre as pessoas que foram percebidas como deixadas. Dessa forma, sentimentos como raiva, tristeza e mágoa foram percebidos com maior intensidade nas pessoas que foram deixadas pelos seus parceiros, independente dessas serem homens ou mulheres. Segundo Maldonado, "para algumas pessoas, a separação provoca, pela primeira vez, um confronto intenso com coisas 'feias' de si mesmo, ao se ver sentindo e fazendo coisas de que jamais se imaginaria capaz" (2000, p. 99). Já sentimentos como a culpa e o alívio apareceram com maior intensidade nas pessoas que tomaram a decisão pelo término da relação. Isso é confirmado por Maldonado (2000), ao afirmar que, para quem quis o término, costumam predominar o alívio e a euforia de se ver livre de uma situação que o incomodava, além do sentimento de culpa pelo sofrimento causado ao outro pela sua decisão.

Segundo Mearns (1991), as pessoas que terminaram o relacionamento recentemente (primeiras semanas) apresentaram níveis mais altos de depressão. Esperava-se, nesta pesquisa, que os sujeitos que terminaram seus relacionamentos há menos tempo alcançassem maior média. No entanto, verificou-se que não há uma correlação significativa entre tempo de término e a escala de sentimentos positivos e negativos para ambos os genêros. Esses resultados podem ser fundamentados pelos achados de Giusti (1987), que indicam que é difícil determinar o momento em que o período de luto e de sofrimento começa efetivamente e prever quanto tempo ele vai durar.

A Figura 4 apresenta a distribuição das respostas entre homens e mulheres acerca da frequência de sentimentos positivos e negativos. Quanto mais próximo do intervalo de 1 a 2, menor é a percepção de sentimentos negativos ao término de uma relação amorosa. Os homens apresentaram sentimentos mais positivos, sendo que a maioria (57%) obteve média entre 1 e 2; quanto às mulheres, apenas 31% encontraram-se na mesma categoria. O intervalo de médias entre 4,01 e 5 foi representado por 7% dos homens e 3% das mulheres. Esta última categoria representa o nível mais alto de sentimentos negativos diante do fim da relação.

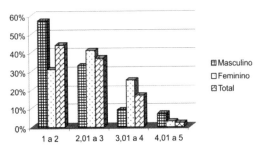

Figura 4. Distribuição percentual das médias de sentimentos positivos e negativos entre homens e mulheres.

A maioria dos homens (90%) obteve médias menores que 3 na escala, enquanto que 72% das mulheres atingiram esse valor, o que significa que na maioria dos sujeitos houve a predominância de sentimentos positivos após o término de sua relação amorosa. No entanto, houve uma maior ocorrência de sentimentos negativos nas mulheres, sendo que elas atingiram médias maiores quando comparadas aos homens. Conforme Galisson (2001), as mulheres são mais sensíveis cognitiva e emocionalmente às angústias dos relacionamentos amorosos do que os homens, a partir do que se pode concluir que as mulheres sofrem mais diante dessa situação.

CONSIDERAÇÕES FINAIS

A partir dos resultados obtidos com a pesquisa apresentada neste capítulo, percebeu-se uma predominância de sentimentos positivos após o término de um relacionamento amoroso, tanto para homens como para mulheres, embora em intensidades diferentes. As mulheres atingiram níveis maiores de sentimentos negativos quando comparadas aos homens. Na amostra utilizada, a duração média dos relacionamentos foi de um ano e nove meses, o que certamente contribuiu para que o aparecimento de sentimentos negativos não fosse tão intenso quanto o relatado em pesquisas que tratavam de relacionamentos mais duradouros.

Com esta pesquisa, procurou-se abranger, da melhor forma possível, a intensidade dos sentimentos predominantes no fim de uma relação amorosa. No entanto, quanto à diferença na intensidade de sofrimento entre homens e mulheres, é interessante ressaltar que os aspectos culturais estão diretamente relacionados à forma de perceber e definir os sentimentos que surgem nessa situação, já que, no caso dos homens, principalmente, ainda existem crenças culturais sobre a necessidade de omitir sentimentos relacionados ao amor.

Dessa forma, é de grande importância que fenômenos relacionados ao amor, à atração e à paixão deixem de pertencer apenas ao domínio dos poetas, compositores e filósofos e passem a ser considerados temas científicos. Diante de tantos problemas de relacionamento envolvendo tais fenômenos em nossa sociedade, é necessário criar instrumentos de pesquisa que possam auxiliar e analisar de forma científica temas que antes eram considerados obscuros, tornando-os passíveis de medição e controle.

ESCALA DE VIVÊNCIA DE SENTIMENTOS APÓS O TÉRMINO DE RELACIONAMENTOS AFETIVOS

Aplicação e análise: a escala possui 37 itens, sendo oito referentes a sentimentos positivos e 29 relacionados a sentimentos negativos. Em cada um dos itens, o respondente deve assinalar uma das cinco respostas referentes ao grau de intensidade da escala – "nunca", "pouco", "moderadamente", "frequentemente", ou "extremamente". Cada proposição da escala corresponde a um valor entre um e cinco, conforme a intensidade do sentimento vivenciado pela pessoa. Ao analisar os dados, os valores dos itens relacionados aos sentimentos positivos são invertidos, para que as intensidades dos sentimentos positivos e negativos sejam analisadas com igualdade de valores. O escore da escala é calculado por meio da média aritmética simples dos valores dos itens. Itens assinalados com asterisco devem ter seus escores revertidos.

1. Senti desprezo pela pessoa.
2. Senti-me feliz.*
3. Tive medo da solidão.
4. Estava incerto sobre o que fiz.
5. Sentia-me rejeitado.
6. Irritava-me com facilidade.
7. Estava triste e magoado(a).
8. Sentia-me culpado(a).
9. Estava desiludido(a).
10. Fiquei traumatizado(a).
11. Arrependi-me do que fiz.
12. Preocupei-me com o que iria acontecer.
13. Fiquei desesperado(a).
14. Isolei-me das outras pessoas.
15. Senti mais ciúmes do que normalmente sentia.
16. Pensei estar derrotado(a).
17. Pensava que era uma grande perda.

18. Fiquei frustrado(a).
19. Tive sensação de liberdade.*
20. Sentia-me humilhado(a).
21. Sentia-me fracassado(a).
22. Estava satisfeito com minha nova vida.*
23. Sentia-me desvalorizado(a).
24. Evitei me envolver com outras pessoas.
25. Senti alívio.*
26. Tive sentimento de raiva da pessoa.
27. Decepcionei-me com o término.
28. Estava deprimido(a).
29. Senti motivação para buscar novas possibilidades na vida.*
30. Chorava com facilidade.
31. Minha autoestima era boa.*
32. Tive pensamentos positivos.*
33. Perdi o interesse por minhas atividades.
34. Acreditei não ser interessante para outras pessoas.
35. Senti mal-estar ou dores físicas.
36. Consegui me distrair com outras coisas.*
37. Sentia-me perdido na vida.

Referências

Ahrons, C. R. (1995). *O bom divórcio: como manter a família unida quando o casamento termina.* Rio de Janeiro: Objetiva.

Baquero, G. (1968). *Testes psicométricos e projetivos: esquemas para a construção, análise e avaliação.* São Paulo: Loyola.

Carter, B., & McGoldrick, M. (1995). *As mudanças no ciclo familiar: uma estrutura para a terapia familiar.* Porto Alegre: Artes Médicas.

Caruso, I. (1981). *A separação dos amantes: uma fenomenologia da morte.* São Paulo: Cortez.

Colasanti, M. (1986). *E por falar em amor.* Rio de Janeiro: Rocco.

Féres-Carneiro, T. (1998). Casamento contemporâneo: o difícil convívio da individualidade com a conjugalidade. *Psicologia: Reflexão e Crítica, 11*(2), 379-394.

Féres-Carneiro, T. (2003). Separação: o doloroso processo de dissolução da conjugalidade. *Estudos de Psicologia (Natal), 8*(3), 367-374.

Freud, S. (1974). Luto e melancolia. In *Edição standard brasileira das obras psicológicas completas de Sigmund Freud* (Vol. XIV, pp. 269-292). Rio de Janeiro: Imago.

Galisson, K. (2001). Marital blues bring ills. *Psychology Today, 34*(1), 18.

Giusti, E. (1987). *A arte de separar-se.* Rio de Janeiro: Nova Fronteira.

Maldonado, M. T. (2000). *Casamento: término e reconstrução.* São Paulo: Saraiva.

Mearns, J. (1991). Negative mood regulation expectancies and depression following the end of a romantic relationship. *Journal of Personality and Social Psychology, 60*(2), 327-334.

Viorst, J. (1988). *Perdas necessárias.* São Paulo: Melhoramentos.

Impresso por:

Gráfica e editora

Tel: (11) 2769-9056